AF503794

LA

CONSPIRATION

DU GÉNÉRAL MALET

(1812)

10461. — IMPRIMERIE GÉNÉRALE DE CH. LAHURE
Rue de Fleurus, 9, à Paris

LA
CONSPIRATION
DU GÉNÉRAL MALET

D'APRÈS LES DOCUMENTS AUTHENTIQUES

Avec une introduction

PAR

PASCHAL GROUSSET

PRIX : 1 FR. 50

PARIS

ARMAND LE CHEVALIER, ÉDITEUR

61, RUE DE RICHELIEU, 61

1869

LES GRANDS
PROCÈS POLITIQUES.

LA
CONSPIRATION
DU GÉNÉRAL MALET.

(1812)

INTRODUCTION.

MALET ET LES PHILADELPHES.

Quelle justicière que l'histoire ! Comme elle a bientôt fait de casser les jugements faux ou erronés que les intéressés essayent toujours de lui faire porter ! Comme elle élague les témoigages mensongers, les documents apocryphes, les actions supposées ! Comme elle supplée aux suppressions de pièces, aux destructions de preuves, au huis clos des procédures, au mystère des cabinets, aux cachotteries misérables de ceux qui craignent sa lumière !...

Vains efforts. On étouffe deux mille témoins : on en oublie dix. On brûle vingt dossiers : il y en a un qui a été soustrait ou copié par un intermédiaire infidèle ; on s'enferme à double tour pour simuler, dans l'ombre, une condamnation régulière : les gendarmes, les huissiers, les juges racontent le procès à leurs amis, à leurs femmes, à leurs maîtresses; on fait disparaître un homme : le fait même de sa disparition dénonce le crime. A défaut de révélations positives, le silence des témoins est accusateur....

Puis un jour vient où toutes ces voix qui murmuraient, dans la nuit, le lugubre mystère, ne craignent plus de le crier au grand jour; où les documents échappés au feu sortent de leur cachette; où les survivants apportent leur déposition.

Et la vérité brille plus vive, plus éclatante.

Nulle part ces caractères de fatalité et d'immutabilité du jugement en dernier ressort de l'humanité n'apparaissent plus évidents et plus palpables que dans l'histoire de la conspiration Malet.

Certes, s'il y a un événement qu'on ait tenté d'obscurcir, et surtout de rapetisser, c'est celui-là. Cherchez-en la trace dans les journaux bâillonnés de 1812, vous n'y trouverez que deux notes sinistres, l'une annonçant que « trois ex-généraux, Malet, Lahory et Guidal, ont trompé quelques gardes nationales et les ont dirigées sur les principaux hôtels du gouvernement » (24 octobre); l'autre, six jours après, enregistrant la condamnation de quatorze hommes par une Commission militaire, et l'exécution immédiate de ce jugement (30 octobre).

N'en cherchez pas la trace aux archives nationales : on vous refuserait la communication des pièces[1].

---

1. Très-probablement, parce que les pièces ont été supprimées. Du moins, les refus de communication permettent de le supposer.

N'en demandez pas le récit à ceux qui y furent mêlés : ils sont pour la plupart, au nombre de deux ou trois mille, morts en exil.

N'interrogez pas, sur ce sujet, les fils de l'un des hommes qui jouèrent dans la tentative de Malet un rôle capital, de Boutreux : ces fils vous diraient que leur père a disparu sans qu'ils aient jamais su même la place de son cadavre.

Et cependant, à cinquante ans de distance, nous savons tout sur la conspiration Malet.

Nous savons comment elle s'organisa, de quelles forces Malet disposa, quelles savantes mesures il prit, quelles paroles il prononça, quels actes il accomplit, quel succès il eut pendant plusieurs heures, quelle lâcheté et quelle bassesse étalèrent les hauts fonctionnaires surpris et mystifiés, quelle ignorance montra la police, quelle indifférence et quelle allégresse témoignèrent la population et l'armée. — Nous savons comment Malet échoua, finalement, dans l'entreprise la mieux conçue que l'histoire présente ; comment il fut traîné devant une Commission militaire présidée par la plus complaisante machine à verdicts de Napoléon, le comte Dejean, l'ancien juge du duc d'Enghien. Nous savons quelle fut l'attitude de Malet devant cette Commission et combien fut héroïque sa simple déclaration :

Un homme qui s'est constitué le défenseur des droits de son pays n'a pas besoin de plaidoyer : IL TRIOMPHE, OU IL MEURT.

Nous savons que les accusés n'eurent pas d'avocats. Nous savons avec quelle hâte des esclaves tremblants à la pensée de la colère du maître, condamnèrent quatorze hommes. Nous savons que la sentence fut déclarée exécutoire dans les vingt-quatre heures. Nous savons que ces malheureux, immédiatement conduits dans la plaine de Grenelle, furent fusillés sans sursis. Nous savons comment ils moururent. Nous savons tout, tout, tout.

Le formidable pouvoir de Napoléon, par la grâce de Dieu et les constitutions de l'Empire, Empereur des Français, Roi d'Italie, Protecteur de la Confédération du Rhin, Médiateur de la Confédération suisse, a pu faire ces choses : il a été impuissant à les cacher.

Et pourtant, que n'aurait-il pas donné pour y parvenir ! Ce n'est pas que ce sang versé l'embarrassât : qu'étaient ces gouttes dans l'océan sanglant sur lequel il dirigeait sa barque ? C'est que ce succès d'un conspirateur l'humiliait jusqu'à la moelle. C'est que, de l'aveu de ses plus fidèles, il pleurait de rage en songeant comme un échappé de prison avait pu, sans violence et sans combat, tout uniment, et par le cours naturel des choses, prendre la place qu'il croyait si bien gardée. C'est que Malet remettait sous les yeux de l'Empereur les hontes oubliées de Brumaire.

Avec lui, l'Histoire voit là un exemple saisissant de la fragilité de cet édifice, réputé si solide.

Cette centralisation fameuse, en voilà le point vulnérable. Un homme, un inconnu se présente aux deux ou trois postes principaux du gouvernement ; il porte une écharpe, un habit brodé et des épaulettes. Il dit : « L'Empereur est mort, et le gouvernement est changé. » — Tout Paris le croit, toute la France va le croire. Il faut un hasard, moins que rien, une glace trahissant un mouvement, pour que cette audacieuse tentative se termine par le supplice, au lieu d'être close par le triomphe.

Et ces dévouements mensongers, dont le *Moniteur* enregistre les dithyrambes, ce Sénat éhonté, ce Corps législatif muet, cette armée de prétoriens, cette population prétendue enthousiaste de « son » Empereur : quelle est leur attitude en présence d'un changement si imprévu ? La stupeur et la platitude pour beaucoup, l'indifférence pour quelques-uns, la joie pour la plupart.

Voilà ce que Bonaparte aurait voulu faire oublier à l'Histoire ! Voilà ce dont il n'a même pas pu lui cacher les moindres détails.

Aujourd'hui la lumière s'est faite sur Malet, et sur ses motifs d'agir. On connaît ses opinions, ses principes et son but ; on sait qu'au contraire des autres chefs de conspirations militaires, il ne fut pas guidé par des ambitions basses et personnelles. Jacobin inflexible et résolu, dernier tronçon de cette « queue de Robespierre » que la réaction thermidorienne, impériale et royaliste, a en vain calomniée, Malet voulait renverser la tyrannie par les propres moyens qu'elle avait mis en œuvre pour s'établir, et sur ses ruines proclamer la république, consolider la liberté, son seul culte et son seul amour.

Il avait cinquante-huit ans ; il avait passé le quart de sa vie dans les prisons d'État ; officier supérieur des armées de la République au 18 brumaire, il n'eût tenu qu'à lui de devenir comme tant d'autres, prince, duc ou roi. On ne lui demandait que son abstention et son silence.

Il refusa jusqu'à cette approbation muette : dès le premier jour il conspira; quand il eut tenté son dernier et suprême effort, quand il se vit définitivement vaincu, il mourut simplement et noblement, sans faiblesse et sans phrases, comme étaient morts tous les Montagnards..

Cette rigidité de principes, cette inflexibilité morale, cette énergie héroïque s'imposent à l'estime de tout honnête homme, quel que soit son parti. La vie de Malet est un grand exemple de logique et de fermeté politique; mais il était, dans son temps, une exception. Aussi devait-il succomber. Aussi succomba-t-il.

Le succès ou l'insuccès ne font pas la morale des choses. Triomphant, Malet aurait eu des statues. Vaincu, il a au moins droit à l'hommage respectueux de l'Histoire et de ceux qui croient tout principe légitime, pour lequel on sacrifie 'sa vie, tout acte bon, qui n'est pas dicté par un intérêt étroit et personnel.

Le premier historien qui ait rendu publiquement à Malet la justice qui lui est due, est cet exquis et charmant esprit, Charles Nodier. La conjoncture est d'autant plus remarquable qu'il fut ordinairement d'une sévérité outrée pour les hommes de révolution. Son scepticisme de lettré se refusait à comprendre les grandeurs terribles de la Convention. Mais dans son jugement sur Malet, il a été séduit, malgré lui et en dépit de sa nature même, par la beauté de ce caractère, la perfection de ce génie et la hardiesse de ses conceptions.

Charles Nodier, qui n'était pas un naïf, et qui avait vu Malet dans l'intimité, a fait de lui le portrait suivant:

« Malet, dit-il, avait une qualité saillante entre toutes ;

il la portait à un tel point qu'il y a peu d'hommes qui ne la lui eussent enviée : c'était une inflexibilité de principes, une rigidité de volonté qui ne se laissait plier à aucun événement, et qui réagissait contre tous les accidents contraires, sans aucune acception d'intérêt personnel. Né bon gentilhomme, mais jacobin par principes, car il était incapable de l'être par spéculation, il s'était obstiné dans ses opinions en raison du danger même qu'il y avait à les professer.... C'était un homme sévère jusqu'à la rudesse.... »

Ailleurs le même écrivain a dit : « Le 23 octobre est l'anniversaire de la conjuration la plus hardie, la mieux conçue et la plus vertueuse à la fois : et cette grande pensée appartenait aux Philadelphes et à Malet. »

Cette grande pensée, dit Charles Nodier, *appartenait aux* Philadelphes *et à Malet.*

Ce jugement nous amène à nous poser cette question : *Comment* la tentative de Malet put-elle avoir son succès éphémère ?

Il y a dans ce fait d'un homme arrivant seul, sans armes, sans argent, à s'emparer du gouvernement d'une nation comme la France, un phénomène qui confond la raison. On serait tenté de le mettre en doute, si tant de témoignages ne l'attestaient. En tous cas, on est obligé de se dire : cet homme n'était seul qu'en apparence, ses ressources et ses appuis étaient considérables, il était le signe extérieur d'une vaste conjuration.

Sur ce point aussi l'Histoire est fixée, autant du moins qu'elle peut l'être en pareille matière.

On n'en est plus à croire, de nos jours, que les révolutions se font toutes seules. Cela fut vrai, peut-être, du grand mouvement de 1789 : encore pourrait-on dire qu'il fut préparé par la colossale conspiration qui commença avec la Renaissance, et par vingt siècles d'oppression et de douleurs.

Mais à dater de thermidor, les révolutions ne se sont plus faites d'elles-mêmes ; elles ont été le fruit des conjurations des partis vaincus. Créées en France par la réaction royaliste de l'an III, inaugurées par les immondes boucheries des beaux messieurs à collet vert, des *compagnons de Jéhu*, les sociétés secrètes n'ont plus cessé d'avoir sur les événements une influence décisive. Elles ont porté Bonaparte au pouvoir, elles l'ont fait trembler sur son trône, elles ont préparé 1814, fait 1830, fait 1848.

A côté de ces succès éclatants, elles ont essuyé plus d'une défaite, et vu monter plus d'un des leurs sur l'échafaud politique, — cet échafaud qui arrose et vivifie les partis, au lieu de les décapiter.... Mais elles ont eu aussi des effets partiels, et qui, pour avoir échappé aux contemporains, n'en sont pas moins considérables. Elles ont tenu en éveil l'attention des gouvernements, si disposés à s'endormir sur le ventre des peuples terrassés ; elles ont, par la voie de l'émeute, fait aux rois des sommations écoutées souvent, sanctionnées toujours ; eussent-elles enfin, comme les Philadelphes le firent avec Malet, prouvé seulement l'inanité des précautions despotiques, — les sociétés secrètes n'en mériteraient pas moins l'attention de l'histoire.

C'est encore Nodier qui a révélé le premier ce que fut

cette puissante société secrète des *Philadelphes*, dont les réseaux savants eurent enveloppé, en moins de dix ans, sous l'empire, la nation française et jusqu'à l'armée. Société que Bonaparte combattit sans relâche sans pouvoir la détruire, qu'il décima par la guerre, par les condamnations capitales et par les déportations ; qui finit, en somme, par avoir raison de lui, et à laquelle revient, dans les événements ultimes de sa chute, un rôle trop ignoré ou du moins trop négligé.

On a voulu révoquer en doute jusqu'à l'existence des *Philadelphes*, et considérer comme mystification d'érudit les révélations anonymes que Ch. Nodier publia en 1815 sous ce titre : *Histoire des sociétés secrètes dans l'armée.*

C'est peu connaître la réalité des choses. Quand même on n'aurait pas, de l'existence de cette grande société, d'autres preuves que les conspirations de Moreau-Pichegru et de Malet, c'en serait assez. Ces tentatives, la dernière surtout, sont inexplicables sans un pouvoir occulte et fonctionnant régulièrement dans le mystère. Il faut se rappeler que Malet, une heure avant son entreprise, n'avait mis *personne* dans la confidence de ses projets et de son but ; qu'il était prisonnier d'État, qu'il n'avait pas d'argent, que ses instruments les plus dévoués ignoraient jusqu'à ses opinions politiques, et que cependant il obtint, pendant dix heures, un plein succès.

Qu'on lise le procès sommaire de Malet et de ses co-accusés, devant la commission militaire chargée de les condamner, et qu'on voie si mille indices, et notamment si toutes les paroles de Lahory n'indiquent pas cette organisation secrète, principal levier du chef de l'entreprise. Un fait surtout est remarquable : Lahory n'avait pas vu Malet depuis douze ans ; il était en prison et s'attendait à être déporté en Amérique ; il est si étonné et si bien pris au dépourvu quand Malet le fait mettre en liberté pour le nommer ministre de la police, il sait si peu ce qu'on veut faire de lui, et pourquoi on l'appelle au greffe, qu'il perd une heure à compléter sa toilette ! Et à peine a-t-il franchi le seuil de la prison, qu'il exécute religieusement les ordres de Malet, qu'il devient, *sans objection*, son principal lieutenant !... Est-il possible d'expliquer cette conduite chez un homme énergique et fier autrement que par l'obéissance passive de la société secrète ? Supposez qu'il n'y ait aucun lien entre ces deux hommes : Lahory demandera des explications, voudra connaître les voies et moyens de l'entreprise, refusera de s'engager de prime saut dans ce qu'il regardera comme une folle équipée ; en tous cas, il y aura du temps de perdu, des pourparlers.... Rien de tout cela. On éveille Lahory et on lui dit : Vous êtes libre. Malet fait un signe, un geste : Lahory marche à sa suite....

Les mêmes observations s'appliquent d'ailleurs aux autres adhérents de Malet, si rapidement convertis, si promptement décidés à mettre entre ses mains leur fortune, leur rang et leur vie.

Autre preuve. Tous les documents préparés par Malet, sa *proclamation*, son *sénatus-consulte*, son *ordre du jour*, ses *ordres* aux généraux, présentent, à côté des timbres de l'État, un autre timbre inconnu, la lettre L : que peut être ce timbre, sinon un signe de convention, ayant un sens pour ceux à qui les documents sont destinés ?

Autre preuve encore, attestant la complicité de quelque grand chef militaire (et, qu'on ne l'oublie pas, complicité avec un prisonnier pauvre et oublié, c'est-à-dire explicable seulement par le pacte de la société secrète) : le mot d'ordre des troupes de Paris, pour la nuit du 22 octobre, est : *Conspiration.*

Enfin l'attitude même des juges militaires, qui se refusent à rattacher les événements du 23 octobre à toute entente antérieure à ce jour, *qui ne posent pas la question légale de préméditation*, qui donnent la parole aux accusés uniquement sur les *faits* mêmes de la tentative, — prouve surabondamment que sans pouvoir douter de l'existence d'une société secrète, ils avaient ordre de laisser ce point dans l'ombre.

Au demeurant, sans société secrète, l'entreprise de Malet est un acte de démence. Appuyée sur une société nombreuse, formidablement docile à la voix de son chef élu, l'entreprise était si bien réalisable, qu'elle fut réalisée, et qu'il y eut, suivant l'expression d'un historien contemporain, « un véritable interrègne de dix heures. »

Autant la connaissance des faits positifs rend certaine l'organisation de la société secrète dont Malet fut le chef apparent ou réel, autant les inductions tirées de la composition politique de la nation française, sous l'Empire, rendent la chose plus que sûre, vraisemblable.

Ce n'est pas l'existence d'une société secrète qui peut étonner, en ce milieu : ce qui serait étonnant, c'est précisément qu'il n'y eût pas de société secrète.

L'histoire de l'Empire a été si étrangement faite, qu'il semble, en vérité, à lire les volumes publiés sur cette triste époque, que la France fut réduite, à ce moment, à une seule unité, l'Empereur. On dirait tout au moins, qu'il n'y a plus, à Paris et dans les départements, que de « fidèles sujets. »

Comme si la population de « l'Empire » n'était pas, en somme, formée des mêmes hommes qui avaient vu et fait 1789 et 1793, 1794 et l'an VIII! Comme si les vaincus du 10 août, de germinal, de thermidor, de prairial, de Quiberon, de vendémiaire et de brumaire, n'étaient pas, en grand nombre, encore vivants ! Comme si les enfants qu'on envoyait mourir à Dresde, à Leipsig, à Moscou, en Saxe, n'étaient pas ceux qu'avait bercés le chant de la *Marseillaise !...*

Sans doute, la guillotine en avait moissonné deux ou trois mille, la déportation supprimé dix ou douze mille, la guerre emporté cinq ou six millions : mais enfin, il en restait....

Et il n'y aurait pas eu, dans cette nation de vaincus et de mécontents, des sociétés secrètes?

Mais ces sociétés ne se déceleraient par aucun indice, qu'on pourrait affirmer à coup sûr leur existence.... Jamais il n'y eut de terrain si propice, si fatalement destiné à cette forme, muette et sans danger, de la protestation. D'une part un peuple écrasé, les tronçons épars de quatre ou cinq partis renversés ; de l'autre un joug de fer pesant sur ces hommes. Affirmez à coup sûr : Société secrète.

L'Empire, on peut le dire, porte cettte enseigne écrite sur son front.

Nous ferons donc bon marché des ridicules objections élevées contre le témoignage de Ch. Nodier. Quand il nous dit qu'il peut parler, en connaissance de cause, des *Philadelphes*, ayant lui-même été membre de la société, nous ne verrons aucun motif de révoquer cette assertion en doute : nous nous rappellerons que Nodier avait passé sa jeunesse en prison, et que les prisons politiques furent toujours le foyer naturel de ces associations. Quand il nous dit que les *Philadelphes*, ayant eu pour but commun et principal le renversement de Bonaparte, n'eurent plus de raison d'être en 1815 et durent se dissoudre, ce qui lui permet de révéler les faits à sa connaissance, nous ne verrons là rien que de parfaitement logique et en rapport avec la composition hétérogène de la société secrète. Il n'est pas enfin jusqu'à l'anonyme soigneusement gardé par l'auteur, en publiant des révélations d'un intérêt si puissant, mais dans un temps si voisin des faits qu'il relate, qui ne soit une nouvelle preuve de sa véracité.

Au lieu de rejeter niaisement des renseignements précieux, en matière aussi généralement obscure que les sociétés secrètes, nous nous féliciterons de posséder des détails aussi complets qu'il soit possible de les avoir sur une organisation ténébreuse par son essence même, et nous en ferons notre profit.

Comme l'origine de toutes les sociétés secrètes, celle des *Philadelphes* est obscure. Elle paraît avoir pris naissance vers l'an viii de la République dans le département du Jura.

« Le Jura s'est fait remarquer, dit Nodier, pendant toute la Révolution, par des actes de dévouement et de vigueur qui l'assimilent aux provinces les plus prononcées. Ses soldats ont été distingués même entre les braves ; ses généraux parmi lesquels il suffit de citer Pichegru, Malet et Lecourbe, suffiraient à l'honneur d'une nation entière ; ses administrateurs ne l'ont pas cédé, en courage civil, au courage militaire de leurs généreux compatriotes. Ce petit pays, dont la capitale n'a pas plus de cinq ou six mille habitants, a résisté à toutes les tyrannies et protesté contre tous les crimes pendant vingt ans de troubles....

« Au mois de brumaire an VIII, époque de l'avénement de Bonaparte, l'administration du Jura, représentée par deux de ses membres, et un troisième faisant les fonctions de commissaire exécutif (c'étaient MM. Gindre, Margueron et Lamare), — rendit un arrêté portant licenciement des militaires réquisitionnaires et conscrits, et invitation aux *classes*, soit *momentanément*, soit *perpétuellement* proscrites, de se joindre à elle pour combattre ce qu'elle appelait *les nouveaux tyrans*.

« Jusqu'à 1804, Bonaparte n'a pas réellement régné sur le Jura ; c'est en 1804 que s'y formait la conspiration de *l'Alliance*, qui faillit le renverser....

« Le Jura était prêt à se lever en armes, lors de l'invasion étrangère, qui rendit malheureusement ce mouvement inutile.... »

C'est dans cette province écartée que se forma, des éléments divers des partis vaincus ou joués en brumaire, le premier noyau des *Philadelphes*.

L'association s'étendit promptement, elle fit surtout des progrès rapides dans l'armée, où elle compta bientôt quinze ou vingt mille adhérents (c'est ce qui explique le caractère presque exclusivement militaire des conspirations, sous l'Empire). On créa des sociétés de *Miquelets* dans les villes des Pyrénées, de *Barbets* dans celles des Alpes, de *Bandoliers* dans le Jura, la Suisse et la Savoie, et des *Frères Bleus* dans les régiments. « La commotion fut rapide et immense, et ce qu'il y a de remarquable, c'est qu'elle ne coûta tout au plus que quelques frais de voyage. »

Par l'armée, elle se propagea dans les pays étrangers: il se forma des assemblées de *Philadelphes* en Angleterre et en Russie. Moreau en fonda une aux États-Unis, à Philadelphie ; une autre naquit bientôt à Boston. En Italie, la terre classique des sociétés secrètes, les Philadelphes portèrent ouvertement leur titre (*Filadelfi*) : la réunion de Parme devait finir par rentrer sous le régime maçonnique.

Leur but apparent était la philanthropie : amitié, secours mutuels, c'est le masque sous lequel les sociétés politiques se sont toujours cachées. Le but réel était le renversement de Bonaparte.

L'association des Philadelphes comprenait, comme toutes les sociétés de ce genre, différents degrés d'initiation [1].

« Le troisième grade reposait en essence sur l'abnégation individuelle d'état. L'homme qui y était admis cessait d'être autre chose, au moins quant à ceux de ses devoirs particuliers qui auraient contrarié les devoirs de l'institution. Il sortait de la Société générale pour devenir l'instrument aveugle de la Société spéciale à laquelle il s'était dévoué, et cet engagement étendait son obligation bien au delà de l'obligation de la vie. On ne crut pas pouvoir *isoler* le Philadelphe parvenu à ce grade par trop

---

1. Les *Philadelphes* eurent trois chefs successifs : Oudet, Moreau et Malet.

de moyens divers…. L'un de ces moyens fut l'abnégation du nom. Il fallait un nouveau baptême pour un dévouement de sang.

« Tous les noms furent déterminés d'après des données
préalables et saillantes de caractère ou de destination
forcée à laquelle le récipiendaire se soumettait en adhé-
rant aux règles qui devenaient son unique loi. Ainsi l'un
des adeptes, esprit habile et ferme, fut nommé *Murius*. Un
jeune homme turbulent, d'un esprit vif, d'une âme fou-
gueuse, facile à se lier, à se communiquer à tout le
monde, adroit à se faire aimer, reçut le nom d'*Alcibiade*.
Spartacus était un autre adepte que ses mœurs franches,
rustiques et toutes républicaines rendaient propre à
effectuer le soulèvement des esclaves contre les maîtres.
L'influence de ces noms était si puissante qu'elle s'étendait visiblement sur la vie privée. *Caton*, *Thémistocle* et
Cassius sont morts par le suicide, comme leurs pa-
trons…. »

Les adeptes du troisième grade connaissaient seuls
l'étendue de la société, son but réel et le nom des chefs.

Le secret de la conspiration ne parvint jamais à Bonaparte d'une manière bien lucide, et la raison en est
simple.

Le chef de la société, qui portait le nom de *Philopœmen*,
était le centre unique d'une foule de cercles enclavés les
uns dans les autres sans aucune connexion sensible.
Tous ces cercles étaient composés d'agents essentiels
d'une conspiration inconnue, dont le secret résidait dans
un seul homme. « Il n'y avait autour de lui qu'une pensée, mais elle était disséminée sur tant de points, qu'elle
n'avait d'existence collective qu'à ses yeux et qu'elle ne
pouvait être mise en action que par sa volonté. »

Le mode de remplacement de ce chef était remarquable.

« Lorsque le chef temporaire de la société avait achevé son exercice, ou bien lorsque des considérations d'intérêt public ou des affaires personnelles, dont le motif était accueilli, le forçaient à s'en démettre, il adressait à la réunion urbaine la plus nombreuse qu'eussent alors les *Philadelphes* une liste de vingt-cinq personnes qu'il avait soin de choisir dans le grade supérieur, et parmi lesquelles l'assemblée nommait *cinq* candidats, au scrutin. Le bulletin de cette nomination lui était renvoyé séance tenante et il le faisait connaître par autant de copies aux candidats désignés. Chacun de ceux-ci envoyait son vote, et le successeur du chef suprême, reconnu sous le titre de *censeur* (et sous le nom de Philopœmen) était choisi à la majorité absolue des voix : dans le cas de deux contre deux et d'une voix perdue, l'ancien chef décidait sans contestation.

« Ce chef devait être choisi presque toujours parmi des militaires. On avait dû prévoir le cas où il serait ravi à la société, sans avoir préalablement pourvu à son remplacement. Il adressait donc tous les mois, à la principale assemblée, une liste close de vingt-cinq candidats, qui ne devait être ouverte qu'en cas de mort, de disparition constatée ou de réclusion à temps. Cependant les statuts qui n'avaient rien omis de tout ce qui pouvait donner au chef de l'institution l'autorité la plus exclusive, lui permettaient d'élire lui-même son successeur, par privilége de nomination *in articulo mortis*, dans le cas où il était frappé sur un champ de bataille ou conduit à l'échafaud, pour le service de la patrie ou pour le service de l'Ordre.... »

Malgré ces précautions la police impériale eut deux

ou trois fois l'occasion de surprendre la surface du secret des *Philadelphes*. A l'un de ces faits se rattache peut-être l'origine de la *Légion d'honneur*. Voici l'anecdote :

« Un membre de la société, le capitaine Morgan, fut arrêté sur la simple déclaration d'un homme étranger à l'Ordre, qui avait remarqué, parmi ses bijoux, quelques joyaux d'une forme singulière. Quoi qu'il en soit, Morgan, bien atteint et bien convaincu de posséder les signes et les secrets d'une société que l'on cherchait à investir, fut soumis aux interrogatoires les plus sévères, aux épreuves les plus pénibles, aux rigueurs les plus obstinées ; on lui notifia formellement qu'il n'obtiendrait jamais aucun adoucissement à son sort tant qu'il ne révèlerait point les particularités dont le hasard ou l'initiation l'avait fait confident. Ce héros obscur, qui pouvait tout dire sans rien livrer, car il n'avait encore reçu que les premières communications et ce qu'on appelait le baptême de l'Ordre, ne put supporter ni l'idée de cette trahison ni la cruauté des traitements dont on le menaçait. On le trouva mort dans son cachot, la poitrine découverte et le sein empreint de la même figure qu'on avait surprise dans ses effets, lors de son arrestation.

« *Cette figure fut, quelque temps après, celle de la Légion d'honneur*, avec le seul changement de la tête et de la devise.

« Ainsi le signe caché des Philadelphes devenait un signe public, et quelques-uns des adeptes du rang le plus élevé en conçurent de l'effroi, parce qu'ils crurent deviner tout ce que cette combinaison avait d'insidieux.... Mais l'un d'eux les rassura par ces paroles doucement ironiques : « Eh bien ! frères, qui l'aurait cru? Bonaparte est notre complice, Philadelphie est consacrée : c'est la Légion d'honneur qui renversera la tyrannie ! »

Une autre source de renseignements qui parvinrent à la police fut la trahison de Mahée, dont on trouvera ci-après le récit, dans la biographie de Malet, avec celui de la mort du premier *Philopœmen*, Oudet.

Mais ces révélations, suffisantes pour éveiller au plus haut degré l'inquiétude de Napoléon, pour faire plonger dans les cachots des milliers d'adeptes de l'Ordre (et notamment Oudet, Moreau, Malet, Lahory, Guidal, etc....), furent impuissantes à donner la clef de cette redoutable organisation.

C'est de là que partirent les trois grandes conjurations qui ébranlèrent le trône impérial : le complot dit de *l'Alliance*, la conspiration Moreau-Pichegru, enfin la plus audacieuse et la mieux conçue de toutes, celle de Malet.

Il ne faut pas l'oublier, d'ailleurs, au moment où la dernière tentative se produisit, la France était excédée. Elle était lasse du brutal amant qui « la battait et la fouaillait » depuis quinze ans. Malet le dit héroïquement à ses juges qui lui demandaient : « Quels sont vos complices ? — *La France entière, et vous-mêmes, messieurs, si j'avais réussi !* »

Quant à la morale des conspirations militaires dirigées contre les gouvernements militaires, elle est toute dans ces paroles de Lahory devant le conseil de guerre :

« *J'avais vu, au 18 brumaire, une révolution qui s'était faite de la même manière...* j'ai pu me tromper.... »

Qui s'appuie sur le sabre périra par le sabre !

Paschal GROUSSET.

LA CONSPIRATION

DU GÉNÉRAL MALET

D'APRÈS LES DOCUMENTS AUTHENTIQUES

ET LES TÉMOIGNAGES

DE CH. NODIER, DOURILLE, L'ABBÉ LAFON, SAULNIER

DESMARETS, MONTGAILLARD, SAVARY

THIBAUDEAU, ÉMILE MARCO SAINT-HILAIRE, D'AUBIGNOSC

LEMARE, ETC.

BIOGRAPHIE DE MALET[1].

I

Malet (Claude-François), naquit à Dôle (Jura), le 28 janvier 1754. Son père était noble et chevalier de Saint-Louis. A seize ans il se fit soldat. La Révolution le trouva capitaine de cavalerie; il en embrassa tous les principes avec une ardeur qui ne s'est jamais démentie. La franchise de son caractère, son amour pour la gloire et la liberté le firent promptement remarquer.

En vain son père, irrité de ses opinions politiques, le laissa-t-il sans fortune; en vain son frère cadet, qui jouissait de tous les biens, lui offrit-il des avantages considérables pour l'engager à rentrer dans sa caste : rien ne l'ébranla, Malet refusa ces offres avec le stoïcisme d'un vrai républicain.

En 1790, son département le choisit pour le représenter à Paris, à la fête de la Fédération. Il commanda le détachement franc-comtois qui se rendit à cette solennité. A son retour, il fut élevé, par la confiance de ses concitoyens, au commandement de la garde nationale, et son bataillon fut le premier qui marcha vers la frontière. Ses débuts aux armées lui valurent des éloges et des mentions honorables. Nommé

1. Nous empruntons cette biographie à la notice sur Malet publiée en 1840 par M. Dourille (*Journal du Peuple*). Écrire ces choses en 1840, en pleine réaction napoléonienne, c'était montrer plus que de l'esprit politique, cela tenait presque de la divination.

adjudant-général sur le champ de bataille, il organisa les bataillons de volontaires qui arrivaient de toutes parts sur le Rhin; puis il passa, le 13 mai 1793, au commandement de la place de Besançon où la hardiesse et l'énergie de ses principes le rendirent bientôt populaire. Il continua de les professer ouvertement, alors même qu'après la catastrophe du 9 thermidor, il y avait le plus de danger à les avouer. Aussi resta-t-il sans avancement jusqu'au 14 août 1799. A cette époque, il fut envoyé en Italie avec le grade de général de brigade. Championnet et Masséna eurent maintes fois l'occasion de le citer avec avantage; mais sa carrière fut bientôt fermée, car son attachement inébranlable à la République commençait déjà à devenir un crime : Bonaparte, n'espérant plus le rallier, allait le persécuter.

Il fut d'abord envoyé à Rome; sa conduite amicale avec les patriotes italiens déplut au général de division Miollis. Relégué à Bordeaux pour y commander le département, et renvoyé successivement d'Angoulême aux Sables-d'Olonne, Malet donna enfin sa démission[1]. Voici comment, quelque temps avant le 11 nivôse an XII, il remerciait Lacépède du grade de commandeur de la Légion d'honneur; on y reconnaîtra cette vigueur d'idées et cet esprit d'indépendance qui le distinguaient à un si haut point.

« Citoyen,

« J'ai reçu la lettre que vous m'avez fait l'honneur de m'écrire, et par laquelle vous m'annoncez la marque de confiance que vient de me donner le grand Conseil de la Légion d'honneur, en m'admettant au nombre des membres de cet ordre. C'est un témoignage d'estime auquel je suis on ne peut plus sensible, et un encouragement de me rendre de plus en plus digne d'une *association fondée sur l'amour de la patrie et de la liberté*[2].

« Recevez, etc. »

---

1. « Républicain ardent, le général Malet désapprouva hautement l'élévation du général Bonaparte au consulat. » (*Conspiration de Malet*, par Saulnier, ancien secrétaire général du ministère de la police et ancien député, page 8.)

2. Nodier pense que Malet faisait ici allusion à la société des Philadelphes.

Quand survint l'inauguration du trône impérial, Malet, forcé par sa position militaire de formuler son vote, s'adressa à Bonaparte lui-même en ces termes :

« Citoyen premier Consul,

« Nous réunissons nos vœux à ceux des Français qui désirent voir leur patrie heureuse et libre. Si l'empire héréditaire est le seul refuge qui nous reste contre les factions, soyez empereur, mais employez toute l'autorité que votre suprême magistrature vous donne pour que cette nouvelle forme de gouvernement soit constituée de manière *à nous préserver de l'incapacité et de la tyrannie de vos successeurs*, et qu'en cédant une portion si précieuse de notre liberté, nous n'encourrions pas un jour, de la part de nos enfants, le reproche d'avoir sacrifié la leur[1]. »

« Je suis, etc. »

Il adressa, sous le même pli, le billet suivant au général Gobert :

« J'ai pensé, mon général, que lorsqu'on était forcé, par des circonstances impérieuses, de donner une telle adhésion, il fallait y mettre de la dignité et ne pas trop ressembler aux grenouilles qui demandent un roi[2]. »

Le général Malet n'avait pas attendu ce moment pour conspirer : il était depuis longtemps en relation avec l'administration civile et militaire, où quelques patriotes avaient été oubliés. Desmarets dit, dans ses Témoignages historiques, qu'il l'avait su affilié à certain projet d'enlèvement du premier Consul, à son passage à Dijon pour Marengo.

Malet, qui commandait alors le camp de Dijon, avait formé, en effet, le dessein de surprendre le général Bonaparte dans les défilés du Jura. Cent hommes déterminés, com-

---

1. Rapprocher de ce chef-d'œuvre d'impertinence le joli récit de l'élection de 1804, laissé par Paul-Louis Courier. — (P. G.)

2. Malet ne conserva évidemment sa situation dans l'armée qu'en vue de se servir, à l'occasion, de son autorité militaire contre l'empire même. Il faudrait bien se garder de voir dans son adhésion, d'ailleurs si adorablement insolente, autre chose que cette arrière-pensée. — (P. G.)

mandés par des officiers résolus, devaient exécuter ce coup de main, éventé par la dénonciation de Bodemann.

L'intention de Malet était, à cette époque, de soulever le Jura et les Cévennes, d'établir son quartier général à Besançon et de marcher sur Paris. Ses émissaires, placés de six lieues en six lieues, communiquaient avec cette capitale, où les Philadelphes avaient, de leur côté, préparé un mouvement.

On comprend que dès lors Malet et Bonaparte furent irréconciliables.

Dès lors aussi, Malet traçait les premières lignes de son plan de révolution.

Par le bruit de la mort de l'empereur, adroitement répandu à la suite d'une de ses campagnes lointaines, il espéra s'emparer du pouvoir, dicter des lois au sénat servile et consterné, rallier les administrations, si bien façonnées de longue main à l'obéissance passive, les compromettre assez pour les empêcher de revenir, gagner l'armée par des largesses et proclamer la République, en s'appuyant partout sur les sociétés populaires qui auraient donné l'élan à toute la France. Tel fut le plan sur lequel il travailla pendant dix ans. Cette épée de Damoclès était sans cesse suspendue sur la tête de l'empereur, que la conspiration d'Aréna et de ses malheureux compagnons, la tentative du chimiste Chevalier et de deux autres citoyens, tous mis à mort, avaient rendu défiant; aussi demandait-il à Fouché, cet honnête pourvoyeur des prisons:

« Eh ! bien, que font les Républicains ?

— Sire, je ne sais, je ne les vois pas.... mais je suis sûr qu'ils conspirent. »

II

Malet, après avoir protesté contre l'édification du trône, s'occupa des moyens de le renverser en ralliant les mécontents. Mais la crainte glaçait tous les cœurs : il eut besoin d'un zèle et d'une persévérance à toute épreuve, d'une haute connaissance des hommes et d'une habileté consommée pour se créer des partisans jusqu'au sein même du sénat. Son influence s'étendait de plus en plus sur le peuple et l'armée, qu'un danger commun unissait; car, en réfléchissant à la mort violente du moderne Alexandre, il était bien aisé de prévoir que son vaste empire serait démembré. Ses frères étaient trop faibles, et ses maréchaux trop avides pour se laisser déposséder de leurs gouvernements. Soult avait déjà tenté de se rendre indépendant en Portugal, et les autres l'auraient imité.

Malet tint longtemps ces divers éléments en haleine, renvoyant sans cesse le jour de l'action, sous un prétexte ou sous un autre. Tout son monde était prêt à marcher au premier signal; sa main était libre, il agissait à l'aise; la conspiration pouvait faire explosion d'un moment à l'autre, à la volonté du chef qui la dirigeait vers son véritable but, sans que la police, toujours dépistée, s'en doutât le moins du monde. On peut dire qu'il joua tous ces fureteurs de complots comme des enfants, et qu'il surprit ses amis, même les plus dévoués. C'est surtout en conspiration que la défiance est la mère de sûreté. On doit être en garde même avec ses plus intimes camarades : on n'est jamais trahi que par les siens. En effet, à moins que d'être fou, ce n'est pas à un étranger qu'on confie son secret. La police trouve assez de délateurs dans tous les rangs de la société, elle a un tarif pour toutes les infamies.

Pichegru fut vendu et livré par un ami qui lui avait offert l'hospitalité; ce n'est pas qu'un conspirateur doive négliger l'amitié, mais il faut se taire et ne dire que ce qui ne peut être caché et ce qu'il est utile qu'on sache.

Bonaparte était souvent alarmé des rapports soudains qui lui arrivaient par diverses voies, et, dit Desmarets, je lui entendis prononcer un jour les mots d'élimination et d'épuration du sénat[1].

Avant d'aller plus loin, il faut parler d'une sotte idée, répandue par des méchants et recueillie par des niais : Malet agissait, a-t-on osé dire, en faveur des Bourbons !.... Cette insulte est purement gratuite, la mémoire de l'illustre général n'en sera point salie.

Le fait est faux et il n'est besoin que de quelques preuves pour le démontrer.

Voici ce qu'en dit Desmarets, le chef de la haute police du temps ; il était assurément en position d'être bien informé :

« C'est bien dans un sens républicain que cette crise était conçue par lui, et tous ceux qui l'ont connu savent que s'il aspirait à renverser le pouvoir d'une famille, ce ne fut jamais au profit d'une autre[2]. »

Toutes les tentatives de Malet eurent pour seul et unique but le rétablissement du pouvoir populaire. On voit que la vérité perce toujours quand l'histoire cesse d'être exploitée par les historiographes de cour.

Voici encore un témoignage irrécusable ; il émane de M. Saulnier, ancien secrétaire-général du ministère de la police et ancien député, acteur et témoin des événements :

« .... On connaissait à peine notre campagne désastreuse de Russie, le conseil des ministres, dans l'anxiété de cette double crise, craignant d'enhardir de plus heureux imitateurs d'un si funeste exemple, avait caché, autant qu'il l'avait pu, le but des conjurés, le rétablissement de la République[3]. »

Enfin l'abbé Montgaillard dit, dans son *Histoire de France:* « Malet et ses complices n'agissaient nullement en faveur des Bourbons[4]. »

---

1. *Témoignages historiques, ou quinze ans de haute police sous le Consulat et l'Empire*, 1 vol. in-8°, p. 225.
2. *Témoignages historiques*, p. 292.
3. *Conspiration de Malet*, p. 6.
4. Tous les historiens royalistes sont unanimes à rejeter la responsabilité de la conspiration Malet sur le parti républicain. Ce parti l'accepte hautement. — (P. G.)

Ces éclaircissements, superflus pour les hommes versés dans l'histoire et habitués à remonter aux sources, peuvent être utiles à la mémoire du martyr républicain, calomnié comme tous ceux qui meurent en combattant la tyrannie.

Les hommes d'élite qui entouraient Malet ne furent pas ébranlés par les persécutions sans nombre qu'ils essuyèrent. Il dirigeait la société des Philadelphes, qui avait de nombreux adhérents dans l'armée. Elle se composait en majorité d'officiers et sous-officiers braves et instruits qui, prévoyant la mort de Napoléon, s'étaient unis pour résister à la tyrannie de ses successeurs.

Cette société des Philadelphes était formée d'éléments divers, mais serrés; fils insaisissables qui échappèrent à la police si ombrageuse d'alors. Elle s'introduisit au commencement dans trois régiments de ligne, deux d'infanterie légère, puis pénétra avec rapidité dans toute l'armée. Bonaparte était très-inquiet, mais il ne savait sur qui faire porter le poids de sa colère.

Les principaux chefs de l'association avaient pris les noms de Léonidas[1], Philopœmen, Spartacus et Caton. On s'était d'abord constitué pour ramener forcément Bonaparte à des institutions républicaines, plus tard on s'organisa pour le renverser.

Le colonel Oudet, compatriote, et comme l'appelle Nodier, premier adjoint du général Malet, était l'âme de cette vaste conspiration. Il en fut le héros et le martyr.

Oudet, jeune, beau, brillant et brave, était connu de toute l'armée. Il travaillait à la ruine du pouvoir impérial, tout en portant sur son visage l'air enjoué d'un enfant et les manières d'un aimable du beau monde. Il eût trompé les plus habiles. C'était un jeune et hardi conspirateur; on s'en débarrassa.... C'est lui qui dit, en 1800, à Bonaparte effrayé : « Montre-moi ton visage, afin que je m'assure encore si c'est bien Bonaparte qui est revenu de l'Égypte pour asservir son pays. » Oudet, aimable avec les femmes, ne s'attachait réellement qu'à la patrie. Sa bravoure était devenue proverbiale; l'élan de son imagination, la vivacité de son esprit, la puissance de sa parole entraînaient ses auditeurs.

Les premiers complots des Philadelphes furent dévoilés par le traître Méhée, qui compromit la liberté d'un grand

1. Malet.

nombre de braves gens ; mais la torture morale, les cachots et le secret le plus absolu, pas plus que les promesses les plus brillantes ne purent leur arracher aucune révélation.

Voici comment ce Méhée peignait Oudet dans sa correspondance avec la police :

« Le chef que vous m'engagez à vous faire connaître est un homme de vingt-huit ans, d'une taille et d'une figure distinguées ; sa bravoure passe tout ce que je pourrais vous en dire. Il parle avec facilité et écrit avec talent. Les républicains ont en lui une grande confiance, quoiqu'il aille souvent chez le premier Consul, qui fait tout pour se le concilier. Il n'y parviendra pas. »

Bonaparte exila deux fois Oudet, sans autre jugement que sa volonté. Le jeune colonel se consola facilement de ces disgrâces en continuant avec plus d'ardeur que jamais la propagande la plus active et en se liant avec les sociétés secrètes du Tyrol et de l'Italie.

Les sociétés secrètes sont la seule sauvegarde d'un pays livré au despotisme. Elles le minent continuellement, rallient les hommes de cœur et sont un effroi perpétuel pour le tyran.

Bonaparte dépensait beaucoup d'argent pour surveiller ceux qui déploraient son ambition insatiable et son despotisme sans exemple, mais il craignait le dangereux scandale des complots, en étouffait soigneusement les germes, et faisait disparaître jusqu'aux moindres traces du mécontentement public. Les prisons regorgeaient de patriotes. Parfois la raison d'État en faisait justice, et les derniers soupirs de ces martyrs étaient étouffés par le bruit du canon qui ébranlait l'Europe en décimant les familles.

« Le ministre (Fouché) proclamait et poursuivait des coupables, tandis que le gouvernement saisissait et déportait des suspects ; au lieu de preuves ou d'indices, on exhumait tous les vieux griefs d'opinion et de parti. Il ne s'agissait pas de recherches, mais de proscriptions[1]. »

La société des Philadelphes a duré quatorze ans ; la persécution, la prison et la mort n'ont pu l'abattre.

Le génie de Malet lui avait révélé le côté faible de l'échafaudage impérial ; il savait où frapper ce colosse sans base.

---

1. *Témoignages historiques*, par Desmarets, ancien chef de la haute police pendant tout le Consulat et l'Empire, p. 42.

L'empereur mort, ou censé l'être, il aurait agi hardiment avec les éléments révolutionnaires qu'il avait sous la main. Cette idée fixe, ainsi que veut bien la nommer Desmarets, allait réussir en 1807, lors de la douteuse victoire d'Eylau, lorsqu'on trouva encore un traître[1] qui fit précipiter dans les fers Malet et cinquante-sept de ses braves compagnons, la plupart pères de famille. C'est sur le témoignage aussi suspect d'un seul homme, que ces malheureux perdirent leur liberté, laissant leurs femmes et leurs enfants en proie aux angoisses de la faim. Il y avait comme cela des milliers d'infortunés dans les forts de Ham, de Joux, Fenestrelle, Saumur, Savonne, Villa-Borghèse, Vincennes, les prisons de Sainte-Pélagie, la Force, l'Abbaye, et dans une foule de maisons dites de santé et autres lieux où les mécontents étaient ensevelis pendant de longues années, sans linge et sans vêtements : leur crime était d'avoir levé la tête devant le nouveau César.

Rien ne pouvait abattre Malet ; il bénissait ses fers, sa grande âme n'y souffrait que des maux de ses amis. L'austérité de ses mœurs, son courage chevaleresque et sa fidélité à ses serments n'en furent que mieux affermis. Il relevait l'ardeur des autres, faisait des prosélytes autour de lui et correspondait au dehors par l'intermédiaire de jeunes dames amies de sa femme, qui, dans ces temps d'oppression, rendirent de véritables services à la liberté.

La chambre qu'occupait Malet à la Force est en grande vénération parmi les prisonniers politiques qui encombrent si souvent, au gré du pouvoir, cette sombre demeure[2]. Voici un des couplets d'une prière du soir, que tous les détenus chantent en chœur avant d'éteindre leurs lumières :

> C'est dans ces murs que Malet le hardi
> Conçut dans l'ombre un projet des plus vastes ;
> Frappé de mort, il dit : Des jours néfastes
> Vont accabler le vainqueur de Lodi.

Malet avait une figure charmante, un air de jeunesse et de santé, un sourire attrayant, d'agréables manières, une voix ferme et sonore, un regard pénétrant et une taille aisée. Il

1. Le général Guillaume.
2. Écrit en 1840.

était toujours mis avec décence et avait conservé l'antique usage de poudrer ses cheveux. Sa bravoure personnelle était à toute épreuve et son dévouement sans bornes. Il est d'une probité de fer et d'une fidélité d'acier [1], disait Oudet. Son propre danger ne l'occupa jamais, il ne pensait qu'à celui de la patrie [2].

Ferme et constant dans ses principes, il s'attaqua dans un âge avancé, à un gouvernement qu'on croyait si jeune et si bien assis, et il l'aurait renversé sans l'obstacle inattendu d'un agent obscur qu'il avait épargné. Il fut sur le point d'exécuter sans effusion de sang, au profit de la liberté, ce que douze cent mille baïonnettes étrangères firent plus tard pour l'esclavage et pour les Bourbons. Après avoir dépensé, au service ou pendant sa détention, une partie de son patrimoine, il laissa sa veuve et son fils sans fortune.

1. « Le général Malet entra de bonne foi dans la Révolution, il en professa les principes avec une grande ferveur. Il était républicain par conscience, et avait pour les conspirations un caractère semblable à ceux dont l'antiquité grecque et romaine nous ont transmis les portraits. » — (*Mémoires* du duc de Rovigo, tome VI, page 17.)

2. « Personne ne professe une estime plus haute et une plus franche admiration que moi pour le caractère de Malet; personne ne considère plus que moi sa loyauté chevaleresque, sa fermeté inflexible, sa délicatesse et son intrépidité. Tous les partis lui doivent de l'admiration, mais les républicains seuls des regrets. » — (Charles Nodier, *Histoire des sociétés secrètes de l'armée*, pages 193 et 195

III

La conspiration de 1807 fut le prélude de celle de 1812. Elle était aussi bien combinée, aussi prudemment conçue et aussi laborieusement travaillée que celle où Malet perdit la vie.

Il disposait alors d'un millier d'hommes énergiques et dévoués. Les conjurés n'attendaient qu'un homme pour agir. Leur chef était aussi personnellement en relation avec des hommes de toutes les conditions sociales : ouvriers, juges, sénateurs, étudiants, soldats et généraux étaient enrégimentés sous sa bannière. Il avait séduit tout ce qui pouvait céder, convaincu les timides, stimulé les forts, modéré les impatients, et gardé son secret pour lui. Un seul homme, un misérable, fit tout échouer. Laissons parler, sur cet événement, Lemare, un des membres du comité que Malet avait formé [1] :

« Dans la nuit du 29 mai, dit-il, plus de six cents ordres étaient signés, scellés du sceau de la dictature, trois milles proclamations et décrets étaient datés, les postes assignés, les rôles distribués. Le quartier général allait être établi à quatre heures du matin à l'hôtel de Cambacérès, où tous les ministres devaient, les uns se rendre, les autres être conduits. A une heure, tout fut ajourné et perdu. »

Lemare qui ne savait probablement rien des grands moyens de Malet et des ressorts secrets qu'il se proposait de faire jouer, n'en parle pas dans son ouvrage [2].

Seulement, il ajoute : « On saura que, sans le secours

1. Ce comité se composait de Malet, Bazin, Gindre, Corneille et Lemare.

2. *Malet, ou coup d'œil sur l'origine, les éléments, le but et les moyens des conjurations formées en 1807 et 1812 par ce général et autres ennemis de la tyrannie*, par P.-Al. Lemare. — Paris, 1814.

d'encres sympathiques ni d'écritures chiffrées, Malet assistait à toutes les opérations de l'armée, connaissait toutes les anecdotes de quelque importance et recevait des nouvelles de Moscou même. » On voit que les Philadelphes étaient de tous côtés fidèles et strictement obéissants à l'impulsion secrète qu'ils recevaient de leurs chefs. Les rapports arrivaient à Malet par mille voies insaisissables ; chacun y contribuait suivant sa position et ses lumières : ces vastes éléments réagissaient sans cesse dans la même pensée.

En 1809, Malet voulait encore tenter une insurrection ; mais l'Italien Sorbi, détenu avec lui, pressentit son projet et le dénonça à l'archi-chancelier. Le général donna aussitôt contre-ordre.

Il s'agissait, comme toujours, de répandre tout à coup le bruit de la mort de l'empereur, de le dire tué à Wagram, et d'enlever, le 29 juin, à Notre-Dame, les autorités qui y chantaient un *Te Deum*, pour célébrer l'entrée des Français à Vienne. Une fois le mouvement lancé il eût renversé les obstacles.

Un malheur n'arrive jamais seul ; quelques jours après, Malet fut frappé dans ses plus chères affections par la mort de son digne ami, le brave et généreux Oudet. Les Philadelphes, consternés, le pleurèrent amèrement. Le fait est peu connu, la police impériale l'étouffa. Il s'agit d'une accusation bien grave ; essayons de la formuler.

Oudet, après avoir été persécuté, exilé et suspendu de son grade pendant cinq années, fut enfin rappelé et nommé général en 1809 ; mais il reçut en même temps l'ordre du ministre de former un 9e régiment des débris du 6e. Il ne devait prendre ses épaulettes de général qu'après la campagne. Du reste, l'empereur le laissa entièrement libre de former ses cadres avec des officiers et sous-officiers de son choix.

Oudet, on le comprend, devina le piége ; il était aussi fin que le maître ; l'exemple tout récent des princes d'Espagne, ceux de Pichegru, de Moreau et d'Enghien, lui avaient appris à se défier. Néanmoins, il choisit hardiment ses amis, espérant frapper un coup décisif avant que le despote fût prêt. Hélas ! il se trompa.

Dans cette mémorable journée de Wagram, qui procura une fiancée royale à l'empereur, le 9e régiment fut placé en première ligne ; il se conduisit bravement et fut décimé. La plupart des valeureux amis d'Oudet périrent. Lui-même, déjà couvert de cicatrices, reçut trois coups de lance ; et, se voyant affaibli par une perte abondante de sang, il ordonna qu'on l'attachât sur son cheval pour se maintenir en selle. C'est dans cet état pitoyable qu'il parut devant l'empereur, au moment où il s'attendait à rentrer à Vienne, qui n'était éloignée que d'une portée de canon. Aussitôt un ordre lui prescrivit de se porter sur les derrières de l'ennemi.... Il se mit immédiatement à sa poursuite, arriva harassé, prit position. Mais bientôt un nouvel ordre lui enjoignit de rentrer au camp avec son corps d'officiers, laissant le commandement du régiment à un chef de bataillon et à un capitaine. Il était onze heures du soir.... En effectuant ce dernier mouvement, Oudet tomba, avec les siens, dans une embuscade.... Ce fut une horrible boucherie. — Oudet fut trouvé le lendemain palpitant encore sous les cadavres de ses officiers qui, groupés autour de lui, s'étaient efforcés, jusqu'au dernier moment, de lui faire un rempart de leur corps. On enleva, au point du jour, vingt-deux morts.... Le général Oudet eut encore à subir trois jours d'une affreuse agonie, puis il expira.

« La nouvelle de cet événement, dit Charles Nodier[1], se répandit dans l'armée plus vite qu'on ne l'aurait voulu. — Le bulletin de Wagram enveloppa en vain le nom d'Oudet dans une périphrase dont peu de nous avaient le mot.... »

On crut les Philadelphes perdus : mais le parti républicain ne s'éteint pas dans le sang de ses enfants ; il en reçoit au contraire une nouvelle vie. Les rois, les castes passent ; les prétendants s'éteignent ; le peuple seul est immortel.

« Quoi qu'il en soit, dit encore Charles Nodier, Oudet et cette fleur de héros qui venaient d'être moissonnés autour de lui, emportèrent les regrets universels. Quelques officiers blessés qui avaient été transportés dans le même hôpital, déchirèrent leur appareil en voyant sortir son corps. Un jeune sergent-major qui le suivait se précipita sur la pointe de son sabre à quelques pas de la fosse. Un lieutenant qui avait servi avec lui dans la soixante-huitième demi-brigade, se brûla la cervelle. Ses funérailles ressemblèrent à celles d'Othon. Peu de temps après, son régiment fut licencié. »

C'est à cette même époque, qu'à Schœnbrunn, un patriote, le jeune Staaps[2], âgé de seize ans, s'approcha de l'empe-

---

1. *Histoire des sociétés secrètes de l'armée*, page 207.
2. Voir aux *Appendices* le récit de la tentative de Staaps, par Desmarets.

reur à la parade, décidé à le frapper. Il fut saisi et trouvé possesseur d'un couteau. Bonaparte lui fait dire de demander grâce.... L'enfant résiste : il est fusillé !... Plus tard, un de ses amis, nommé La Sahla[1], jeune homme de dix-huit ans, vint à Paris pour venger sa mort ; il fut arrêté et détenu à Vincennes jusqu'en 1814.

1. Voir aux *Appendices* le récit de la tentative de La Sahla, par Desmarets.

LE 23 OCTOBRE 1812.

I

La campagne de Russie était ouverte[1] Malet semblait en avoir prévu, avec une étrange perspicacité, les épouvantables résultats. Du fond de sa prison, il suivait pas à pas la politique européenne, étudiait les combinaisons les plus cachées de l'administration impériale, faisait sonder chaque fonctionnaire, entretenait des relations, des correspondances, resserrait ses rapports, ses liens, préparait ses ressources, et seul, sans argent, sans crédit, vieux et prisonnier, il s'apprêtait à foudroyer cet immense édifice, sans qu'il en coûtât du sang, sans qu'il en vînt une larme. Dans son plan, la boucherie finissait, la République renaissait et l'Europe se félicitait d'échapper à la ruine et au despotisme aveugle d'un soldat couronné.

Malet préparait périodiquement ses nombreux partisans à un mouvement prochain qu'il renvoyait ensuite, alléguant froidement, à chaque retard, des motifs puisés dans les nécessités du moment. Au mois de juin, il réclama du gouvernement, préoccupé d'affaires urgentes, une place dans une maison de santé ; on la lui accorda et il y fut oublié. Cette

1. « La campagne de 1812 coûta, au minimum, à la France trois cent quatre-vingt-treize mille hommes. Si nous prenons le chiffre donné par Ségur, la perte serait plus considérable encore. » — (Buchez et Roux, tome XXXIX, page 383.

3

maison, la dernière à gauche, à l'extrémité du faubourg Saint-Antoine, était dirigée par le docteur Dubuisson. Il en fit un quartier-général très-actif, à l'insu même des personnes qui l'habitaient et au milieu desquelles il vivait rieur et affable envers tous. Il y mit la dernière main à son plan gigantesque.

Un abbé Lafon[1], détenu pour des menées royalistes, lui servit d'intermédiaire au dehors. Il fut toujours discret et dévoué au général qui ne lui fit jamais part de ses desseins ultérieurs. Il y avait aussi Rateau, caporal de la garde, neveu du concierge, joli garçon, bon vivant, brave et discret, mais aussi bête que son écriture était belle. Malet en fit son secrétaire et lui dicta ordres, décrets, proclamations, tout cela si mêlé, si confus, que l'innocent n'y comprenait rien, si ce n'est qu'il s'agissait d'un ouvrage à livrer à l'impression. Lorsque Rateau suivit le général en qualité d'aide de camp, il crut réellement à l'existence du sénatus-consulte qui investissait Malet du commandement de la division.

---

1. Cet abbé publia, en 1814, une relation de la conjuration. Il suffit d'y jeter les yeux pour reconnaître combien Malet l'avait trompé sur le véritable but qu'il se proposait d'atteindre.

II

Tandis que la grande armée fuyait, pêle-mêle, accablée par le froid, déchirée par la faim, harcelée par l'ennemi, et que l'élite de la jeunesse française marquait d'une longue traînée de cadavres la route de Moscou, Paris, sans nouvelles du théâtre de la guerre, pressentait déjà les affreux désastres que le ministère s'efforçait en vain de lui cacher.

On était depuis sept jours sans dépêches de l'empereur, les ateliers étaient fermés, les négociants murmuraient, les ouvriers tombaient d'inanition, et quatre-vingt mille indigents inscrits aux divers bureaux de charité ne recevaient plus aucun secours[1]. On adressait de toutes parts de vives interpellations au pouvoir. Malet n'ignorait pas tous ces tiraillements ; il comptait sur la population ouvrière et marchande. Si le succès eût couronné son entreprise, il aurait fait rentrer nos débris, et l'empereur n'aurait pas encore moissonné nos bataillons dans les funestes plaines de la Saxe. Au cri de liberté, la France entière aurait couvert nos frontières, et, comme en 92, elle les aurait fait respecter ; d'ailleurs, les rois, qui avaient déclaré la guerre à Napoléon seul, se seraient bien gardés d'entraîner leurs peuples dans une guerre où ils n'auraient peut-être pas été suivis. Le sang et l'argent de la nation eussent été épargnés, l'égalité reconquise, et la honte de l'étranger épargnée à la France.

Le parti de Malet fut bientôt pris : commencer avec les troupes entraînées et fascinées, enlever le peuple ; enfin proclamer la République.

---

1. On a souvent parlé de l'aisance des travailleurs sous l'empire. Voici ce qu'en disent Buchez et Roux, tome XXXIX, **page** 306 : « Les ouvriers, il est vrai, avaient du travail, la main-d'œuvre était à un haut prix, mais on n'ignorait pas que ces avantages venaient de ce que les bras manquaient. »

Plus un gouvernement despotique se croit fort, plus il est prêt à s'abattre sous les coups d'un homme intrépide, décidé à mourir. Malet, qui ne s'arrêta jamais devant un danger personnel, avait bien choisi le moment propice et le point vulnérable. Il calcule les conséquences de l'obéissance passive ; il sait qu'on est sans nouvelles ; il devine ce qu'il ne sait pas directement.

Tout, d'ailleurs, avait été préparé de longue main et en silence. Ordres, décrets, nominations, proclamations, tout jusqu'aux signatures et aux sceaux était parfaitement imité. La rédaction et la copie de ces nombreuses pièces avait coûté au général un travail inouï. Il y avait consacré plusieurs mois. Rien ne manquait à la chancellerie du nouveau pouvoir qui allait surgir d'une maison de santé pour renverser un empire. Malet connaît les fonctionnaires qui doivent disparaître momentanément, et ceux qu'on doit conserver ; ceux qui obéiront à leur insu, et ceux que la force soumettra. Chacun débitera un rôle qu'il n'aura point appris. Un prêtre espagnol, son ancien compagnon à la Force, lui prépare, rue Saint-Giles, des chevaux harnachés, des armes et des uniformes, sans se douter de rien.

La garnison se composait, alors, d'un régiment de la garde de Paris et de plusieurs cohortes de la garde nationale mobilisée. L'esprit de ces corps, commandés par d'anciens officiers républicains, mis à la réforme et rappelés pour les besoins du moment, était excellent [1].

Au demeurant, la France commençait à se lasser de courir sanglante et déguenillée après un seul homme. Dans quelques mois le Corps législatif allait enfin lever sa tête, depuis si longtemps baissée sous le joug. Il faut citer quelques articles de son adresse à l'empereur, votée le 28 décembre 1813, et lue par M. Raynouard :

« .... Une nombreuse armée, emportée par les frimas du Nord, fut remplacée par une armée dont les soldats ont été arrachés à la gloire, aux arts et au commerce ; celle-ci a engraissé les plaines maudites de Leipsick, et les flots de l'Elster ont entraîné les bataillons de nos concitoyens....

« ....Nos maux sont à leur comble, la patrie est menacée sur tous les points de ses frontières ; le commerce est anéanti, l'agriculture languit, l'industrie expire ; et il n'est point de Français qui, dans sa famille ou dans sa fortune, n'ait une

---

1. Excellent pour le succès de la conspiration, bien entendu. — (P. C.)

plaie cruelle à guérir. Ne nous appesantissons pas sur ces faits; l'agriculteur, depuis cinq ans, ne jouit pas; il vit à peine, et les fruits de ses travaux servent à grossir le trésor, qui se dissipe annuellement par les secours que réclament des armées sans cesse ruinées et affamées. La conscription est devenue pour la France un odieux fléau. Depuis trois ans elle moissonne trois fois l'année; une guerre barbare et sans but engloutit périodiquement une jeunesse arrachée à l'éducation, à l'agriculture, au commerce et aux arts. LES LARMES DES MÈRES ET LES SUEURS DES PEUPLES SONT-ILS DONC LE PATRIMOINE DES ROIS? »

On sait, d'ailleurs, que la réponse de Bonaparte ne se fit pas attendre : « J'ai supprimé, dit-il, l'impression de votre adresse; elle était incendiaire. Les onze douzièmes du Corps législatif sont de bons citoyens, je saurai avoir des égards pour eux. Mais un autre douzième renferme des factieux et votre commission est de ce nombre. Ce douzième est composé de gens qui veulent l'anarchie et qui sont comme les Girondins. Où une telle conduite a-t-elle mené Vergniaud et les autres chefs? A l'échafaud....

« C'est en famille qu'il faut laver son linge sale! AU RESTE, LA FRANCE A PLUS BESOIN DE MOI QUE JE N'AI BESOIN DE LA FRANCE! »

En dépit de ces jactances, la joie et l'enthousiasme ne figuraient guère plus qu'au *Moniteur*. On se défiait en général du sort réservé au pays; les patriotes inquiets interrogeaient l'avenir et se comptaient des yeux. On s'apercevait bien que ces constructions des Tuileries et du Louvre, qu'on dégageait sur tous les points sous prétexte d'embellissement, n'étaient qu'un formidable moyen de défense, à employer plus tard, quand, las de battre les autres peuples, on aurait à brider le sien chez soi. L'armée aussi était lasse, et si Bonaparte put faire ses Cent-Jours, c'est qu'il annonça au début une constitution, et qu'il fallait choisir entre lui et les Bourbons.

Mais en 1812, si la mémorable tentative de Malet eût réussi, la liberté était sauvée, le territoire préservé et l'égalité reconquise. Alors, l'action des clubs, de la presse et la toute-puissance d'une dictature populaire auraient donné une vie nouvelle à la nation impatiente de ressaisir ses droits.

L'intention de Malet, après avoir opéré son mouvement, était d'armer les patriotes, de rallier les cohortes et de former, à Châlons-sur-Marne, un corps de cinquante mille hommes pour couvrir Paris de ce côté. Il était homme à aller, lui-même, faire fusiller Bonaparte à Mayence. Car, vainqueur ou vaincu, il savait bien d'avance que l'empereur reviendrait précipitamment à la nouvelle de la conspiration.

Malet avait des intelligences dans tous les corps de la garnison. Il les faisait fréquemment visiter par des agents révolutionnaires discrets. Non-seulement ces corps, mais l'armée entière était lasse de se prodiguer sans profit et sans espoir. Il y avait des mécontents, même parmi les grands chefs militaires. Malet eût tout entraîné en peu de jours, s'il eût réussi le premier. Il faut citer, à cet égard, les renseignements fournis sous la Restauration par les chefs de la « haute police. »

« La défection morale de certains officiers principaux de l'empereur date de ses malheurs en Russie. Elle prit un caractère de résistance et d'humeur sombre après la bataille de Dresde, suivi de l'échec du général Vandamme, en Bohême. Napoléon eut d'abord l'idée de faire de la Saxe le pivot de toutes ses opérations, laissant tenter aux ennemis les chemins de la France, s'ils l'osaient, tandis que lui-même occuperait les derrières, en s'appuyant sur les places de l'Elbe, de la Prusse, et sur les débouchés des montagnes de la Bohême, menaçant à la fois Vienne et Berlin. C'est, je crois, par une manœuvre de ce genre que Frédéric le Grand laissa prendre et brûler sa capitale, pour tenir en arrière la campagne et dicter ensuite la paix à la coalition ennemie.

« Mais Napoléon vit bien qu'il serait mal secondé; la terrible expérience de Russie était trop récente, et l'audace de sa nouvelle conception ne parut à plusieurs de ses compagnons qu'un éternel adieu à la France et à leurs familles. Un jour, à Dessaw, M. Fain, venant travailler au cabinet, entendit un maréchal de l'Empire, qui proférait, au milieu d'un groupe rassemblé là pour l'ordre, les plus sinistres pronostics. Le secrétaire, frappé de l'impression que pouvaient en recevoir des officiers venus des divers corps d'armée, crut devoir en prévenir l'empereur, pour qu'il congédiât au plutôt une pareille audience. Napoléon se contenta de lui répondre :

« — Que voulez-vous, ils sont devenus fous! » Et précisément ils en disaient autant de lui-même.

« En 1814, vers la fin de la campagne sous Paris, plusieurs d'entre eux, mus sans doute par des impressions plus décisives reçues de cette capitale effrayée, se fixèrent à l'idée de le faire *disparaître!* C'était le mot; en effet, il s'agissait de le frapper au fond de quelque défilé, ou d'un bois écarté; de creuser un trou et d'y ensevelir son corps sans qu'on pût en découvrir la moindre trace.

« Telle fut peut-être la fin de Romulus; et, dans des temps plus modernes, la mort de deux guerriers fameux, Gustave-Adolphe et Charles XII, a laissé quelques soupçons sur des seigneurs de leur alentour. Le même sort menaçait Frédéric dans un temps où son obstination refusait aux vœux de ses peuples, aux larmes de toute sa famille, une paix ardemment désirée.

« Mais on redoutait les sentiments et les recherches de la garde impériale; on jugea à propos de s'ouvrir à son chef, le duc de Dantzick, qui répondit : « — Un moment, mes« sieurs, je commande ici, et je vous préviens que je le dé« fends, ou je le venge! » — Le lendemain, nouveau message; c'est un général de brigade qui en fut chargé : — « Ceci est trop fort! reprit le maréchal; puisque vous per« sistez, je vais prévenir l'empereur. Ainsi, renoncez, ou je « parle! »

« Il est certain que Napoléon ne se faisait pas illusion sur tout ce qui le menaçait au milieu d'amis découragés, et presque sans espoir, et d'ennemis qui avaient cessé de le craindre. Un jour de cette triste campagne, il remontait à cheval assez péniblement dans un champ isolé, le maréchal Lefèvre se mit à le soulever comme pour l'aider. L'empereur se retourna vivement, mais sa physionomie se rouvrit au même moment par un sourire et un remercîment affectueux au maréchal. »

Tel était l'état avoué des esprits.

III

Le jeudi 22 octobre 1812 un sous-officier de la garnison, vint apporter, le soir, le mot d'ordre à Malet, et par un hasard bien singulier, ce mot était *Conspiration*, et le mot de ralliement, *Compiègne*.

Il est évident qu'il y avait là un fait de complicité avec quelque militaire haut placé : Malet a emporté ce secret dans la tombe.

Le soir, sa femme apporta, sans savoir à quel usage on les destinait, son uniforme et ses armes chez l'Espagnol Caamagno. Ce moine et l'abbé Lafon, trompés si facilement, étaient deux incorrigibles partisans de la légitimité. Malet, dont la police connaissait les sentiments républicains, put s'en servir sans éveiller les soupçons. Lafon ne suivit la conspiration que de loin. Il fut exilé au retour de l'empereur.

A six heures Malet soupa avec les pensionnaires. Il joua tranquillement aux cartes jusqu'à dix heures. On remarqua même, tant il était maître de lui, qu'il gagna constamment tous les joueurs.

Par une coïncidence curieuse, la conspiration de Malet éclata au jour même et à l'heure où la malheureuse armée française évacuait Moscou pour commencer son horrible retraite. Tout était prêt pour exciter d'un côté la confiance, et de l'autre le saisissement et la terreur.

Le 22 octobre, à onze heures, Malet sauta dans le jardin, franchit le mur et gagna la rue, accompagné de l'abbé Lafon, chargé d'un énorme portefeuille contenant toute la chancellerie du nouveau gouvernement. Le général se dirigea aussitôt vers le domicile de Caamagno[1], situé rue Saint-Gilles, près de la place Royale.

---

1. Ce moine était encore, en 1830, attaché à la paroisse de Saint-Gervais, à Paris.

Il y trouva trois chevaux sellés, des armes, des uniformes et une ceinture tricolore, qu'il avait commandée la veille. Caamagno croyait bonnement qu'il s'agissait d'aller enlever Ferdinand VII, prisonnier à Valençay. Rateau et un professeur nommé Boutreux étaient au rendez-vous.

« Eh bien, dit Malet à Rateau, je vous avais promis de l'avancement, prenez cet habit ; vous voilà capitaine, je reprends du service et vous fais mon aide de camp. »

Rateau, au comble de la joie, s'empressa d'obéir. Boutreux ceignit l'écharpe tricolore et fut transformé en commissaire de police.

En ce moment, l'abbé Lafon, cédant à la peur, voulut fuir :

« Restez, lui dit Malet, la guillotine est à la porte.... »

Puis il ajouta :

« Le gouvernement provisoire m'a chargé d'une mission difficile, me suivrez-vous ?

— Oui, répondirent-ils.

— C'est bien, marchons. »

On monta à cheval et les trois conspirateurs se présentèrent à deux heures du matin, à la porte du quartier des Minimes, où était casernée la dixième cohorte commandée par le colonel Soulier. La pluie tombait à torrents :

« Cet incident, dit Saulnier, nuisit au rapide déploiement de la conspiration. Si les conjurés avaient pu, au contraire, exécuter leurs projets durant la nuit, ils sortaient probablement vainqueurs d'une lutte en apparence si inégale. »

Rateau frappa rudement à la porte de la caserne, la sentinelle placée devant les armes appelle le commandant du poste, qui paraît aussitôt. Malet se fait reconnaître et lui ordonne d'aller prévenir immédiatement le colonel de sa présence. Il le suit et se présente avec lui devant Soulier, réveillé en sursaut et stupéfait à la vue du général, d'un aide de camp et d'un commissaire de police éclairés, au pied du lit, par le falot du poste.

« Qu'y a-t-il ? dit Soulier en se frottant les yeux.

— Je vois bien que vous n'avez pas été averti, lui dit le général d'un ton dégagé ; l'empereur est mort ; le sénat assemblé a proclamé la République...., Voici des ordres que j'ai à vous transmettre de la part du général Malet ; je dois m'assurer de leur exécution. »

A ces mots, Soulier pâlit, son front se couvre de sueur, tandis que le commissaire de police Boutreux lui donne gra vement lecture du sénatus-consulte et d'un ordre où se trouvaient notamment les articles suivants :

« Le général de division commandant en chef la force armée de Paris et les troupes de la première division, à M. Soulier, commandant la dixième cohorte. — Au quartier général de la place Vendôme, le 23 octobre 1812, à une heure du matin.

« Monsieur le commandant,

« Je donne ordre à M. le général Lamotte de se transporter à votre caserne, accompagné d'un commissaire de police pour faire, à la tête de la cohorte que vous commandez, la lecture de l'acte du Sénat, par lequel est annoncée la mort de l'empereur, l'abolition du gouvernement impérial. Ce général vous donnera aussi connaissance de l'ordre du jour de la division, par lequel vous verrez que vous avez été promu au grade de général de brigade, et qui vous indiquera les fonctions que vous avez à remplir.

« Vous ferez prendre les armes à la cohorte dans le plus grand silence et avec le plus de diligence possible. Pour remplir ce but plus sûrement, vous défendrez qu'on avertisse les officiers qui seraient éloignés de la caserne. Les sergents-majors commanderont les compagnies où il n'y aurait pas d'officiers. Lorsque le jour sera arrivé, les officiers qui se présenteront seront envoyés à la place de Grève où ils attendront les compagnies qui devront se réunir, après avoir exécuté les ordres qui seront donnés par le général Lamotte, et auxquels vous voudrez bien vous conformer en le secondant de tout votre pouvoir.

« Lorsque ces ordres seront exécutés, vous vous rendrez à la place de Grève pour y prendre le commandement qui vous est indiqué dans l'ordre du jour. »

Suit le dénombrement des troupes dont le colonel prendra le commandement, de celles qu'il doit envoyer sur plusieurs points, et l'ordre de garder soigneusement toutes les avenues de l'hôtel de ville....

« Vous placerez au clocher Saint-Jean un détachement pour être maître de sonner le tocsin au moment où cela deviendrait nécessaire.

« Ces dispositions faites, vous vous porterez chez M. le préfet, qui demeure à l'hôtel de ville, pour lui remettre le paquet ci-joint; vous vous concerterez avec lui pour faire préparer une salle dans laquelle devra s'assembler le gouvernement provisoire, et un emplacement commode pour recevoir mon état-major qui s'y transportera avec moi sur les huit heures, etc....

« Signé : MALET. »

Le timbre placé à côté de la signature portait le chiff. e L. Malet ajoutait en post-scriptum :

« Le général Lamotte vous remettra un bon de cent mille francs, destiné à payer la haute solde accordée aux soldats et les doubles appointements aux officiers. Vous prendrez aussi des arrangements pour faire vivre vos troupes qui ne rentreront à la caserne que lorsque la garde nationale de Paris sera assez organisée pour prendre le service. »

Malet se doubla en commençant ; il joua le personnage du général Lamotte qui fut arrêté, incarcéré et détenu pendant plusieurs mois, malgré ses déclarations et l'évidence ; Cambacérès et Clarke voulaient absolument qu'il eût pris part au mouvement.

Après la lecture des pièces, le général Lamotte (Malet) enjoignit au colonel de le suivre. Ils vinrent ensemble au quartier où se trouvait déjà l'adjudant-major Piquerel qui avait mis la troupe sous les armes. Malet échangea, en arrivant, des regards d'intelligence avec quelques officiers. Ces braves soldats en refusèrent obstinément l'explication au conseil de guerre ; l'un d'eux feignit d'être aliéné pour se dispenser de répondre : deux autres officiers, que la police savait affiliés à la société des Philadelphes, reçurent la promesse de leur grâce et de grandes faveurs s'ils voulaient révéler ce qui était à leur connaissance. Mais ni avancement, ni récompenses ne purent les décider à trahir leurs frères ; ils furent fusillés[1].

Malet ayant fait former le cercle à la troupe, prit la parole et l'entraîna. La mort de Bonaparte, l'abolition du régime impérial et le rétablissement de la république excitèrent un vif enthousiasme. Il promit, au nom du gouvernement provisoire, de l'avancement, des récompenses et des congés. Il termina sa brillante allocution par le cri mille fois répété de *Vive la nation !* Ces troupes, fascinées par le regard, la voix et l'attitude imposante du général qui leur parlait avec tant de chaleur, l'auraient suivi partout ; on exécuta rapidement

---

1. Voici leurs noms, l'histoire doit les conserver : Antoine Piquerel, capitaine adjudant-major ; — Louis-Joseph Lefèvre, lieutenant.

les ordres qu'il prescrivit. L'élan fut le même dans toutes les casernes[1].

Malet ne perdit pas un moment. Il forma, de ses douze cents hommes, quatre détachements, se mit en tête du premier, rallia en passant une patrouille de dragons dont il se fit des ordonnances et se porta de sa personne à la Force.

Pendant ce temps, des plantons et ordonnances répandaient les dépêches sur tous les points; les barrières, occupées par des piquets, se fermaient; le Luxembourg était gardé par cent grenadiers, et Rabbe, colonel de la garde de Paris, faisait prendre les armes à son régiment, lui lisait les ordres du Sénat et se mettait à la disposition du nouveau gouvernement.

Le commissaire de police Boutreux[2], qui devançait partout le général, sonna à la Force. Le concierge, voyant à travers le guichet un général, des officiers et des soldats, ouvrit avec empressement et se trouva face à face avec Malet qui lui ordonna de faire sortir sur-le-champ les généraux Lahory[3] et Guidal[4]. Ce dernier arriva avec sa valise; il croyait partir pour Marseille où il devait être jugé. Quant à Lahory, il s'habilla très-lentement et ce retard fut nuisible. Il apparut enfin sur le seuil de la porte; Guidal qui venait de tout apprendre sautait de joie et endossait son uniforme. Lahory s'était arrêté stupéfait en revoyant, après dix ans, Malet qu'il croyait prisonnier, en habit brodé, entouré d'officiers et de soldats qui encombraient la petite rue de la Force.

« Eh! bien, lui dit Malet, l'empereur est mort; tu es libre et ministre de la police : va prendre possession de ton hôtel et enlève-moi Savary mort ou vif. » Puis il embrassa avec effusion les deux généraux et tendit la main à Boccheiampe, prisonnier d'État qu'on venait de délivrer aussi. Il donna à chacun d'eux des ordres brefs et précis qu'ils devaient exécuter avec la plus grande diligence, pour se réunir ensuite à l'hôtel de ville, où il devait lui-même se rendre vers neuf heures.

---

1. Voir, au sujet de l'attitude des troupes, le rapport de l'inspecteur de police Veyrat — (pièces justificatives).

2. Cet infortuné, saisi à Courcelles après l'exécution de Malet, fut mis à mort. Son procès n'a laissé aucune trace.

3. Lahory, ancien chef d'état-major du général Moreau, détenu depuis dix ans, était désigné pour la déportation en Amérique.

4. Guidal, impliqué dans un mouvement républicain du Midi, allait être envoyé par-devant un conseil de guerre siégeant à Marseille.

« Allons, leur dit-il, il n'y a pas un moment à perdre ; mettez-vous en mouvement. »

Lahory et Guidal coururent à la tête de deux cents hommes s'emparer du ministère de la police. Ils parcouraient en route les papiers que le général Malet leur avait remis. Boccheiampe et Boutreux s'empressèrent, de leur côté, de prendre possession de la préfecture de police. Tous ces points furent occupés sans opposition [1].

Lahory pénétra au ministère de la police générale, à la tête des troupes qui enfoncèrent les portes à coups de crosse. Savary, réveillé en sursaut, parut en chemise au milieu de tous ces militaires qui remplissaient son hôtel. Un officier voulait lui passer son épée à travers du corps. Lahory le retint, et dit au ministre, son ancien camarade à l'armée du Rhin : *Rassure-toi, tu tombes dans des mains généreuses.* Savary s'habille en tremblant, on le place dans son cabriolet, Guidal l'enlève et le conduit à la Force. Chemin faisant, le ministre veut s'évader, il s'élance et tombe rudement sur le pavé du quai de l'Horloge; mais le peuple qui encombrait, à cette heure, les abords du palais de justice, court après lui, le reprend et le rejette au fond de la voiture. Arrivé à la Force, Savary, tout essoufflé, dit au concierge :

« Mon ami, je ne sais ce qui se passe. C'est étrange, inconcevable. Dieu sait ce qu'il en résultera!... Place-moi dans un cachot écarté, donne-moi des vivres et jette la clef dans un puits. »

Quant au préfet de police Pasquier, il fut saisi comme un mouton et transporté à la Force avec le chef de la haute police Desmarets. Boutreux installa Boccheiampe à la préfecture, et, conformément aux ordres de Malet, il consigna tous les agents, saisit tous les papiers et organisa une surveillance rigoureuse et active au dehors.

Malet maintint le comte Frochot, né pour être préfet, dans ses fonctions. Il sentait qu'en se débarrassant des hauts dignitaires sans toucher aux rangs inférieurs, il attirait à lui cette masse d'employés qui suit toujours le mouvement du plus fort.

---

1. « J'avais chez moi, dit Savary dans ses mémoires, un poste de la garde soldée par la ville de Paris, qui ne demanda pas même ce que signifiait ce désordre, et cependant il n'était placé dans mon hôtel, par l'état-major de la place, que comme garde de sûreté. »

IV

En dispersant les divers corps par détachements, Malet annulait l'influence des officiers supérieurs. Il était assuré du concours des officiers subalternes.

A huit heures, le colonel Soulier s'ébranla, ainsi qu'il en avait reçu l'ordre, et vint occuper la place de l'Hôtel-de-Ville avec un demi-bataillon.

Le préfet était absent. Les employés se soumirent au sénatus-consulte. Toutes les signatures furent reconnues véritables. Les pièces, les ordres et les proclamations trompèrent tout le monde et le préfet lui-même, qui arriva bientôt de Nogent-sur-Marne.

Il était en route et revenait paisiblement de sa maison de campagne, quand un courrier lui remet un papier où on lui disait de se hâter. Il y avait au bas de ce billet : *Fuit imperator* [1]. Frochot crut d'abord lire *fecit*, mais ayant déchiffré *fuit*, il prit le galop et accourut à la préfecture de la Seine, où le colonel Soulier vint le recevoir. Cet officier supérieur lui donna connaissance des ordres du Sénat, transmis par le général Malet, commandant la première division militaire, qui l'invitait à faire tout préparer pour le moment où il arriverait, vers neuf heures, avec son état-major. On lui enjoignait aussi de faire disposer convenablement une des grandes salles de l'hôtel de ville pour l'installation du gouvernement provisoire, dont les membres désignés étaient : Moreau (président), Garat, Destutt-Tracy, Volney, Malet, Carnot, Augereau, Bigonet, Guyot, Frochot, Lambrecht, Mathieu Montmorency, Noailles, Truguet et Jacquemont.

Malet comptait beaucoup sur le dévouement et l'amitié de Carnot, qu'il savait pur de toute souillure courtisanesque. Les royalistes et les bonapartistes ont augmenté tour à tour

1. L'empereur n'est plus.

le nombre des membres de ce gouvernement. Il est rétabli ici tel qu'il fut formé par le général.

Frochot se soumit promptement. Il ordonna à ses employés d'obéir à tout ce qu'on leur demanderait. Bonaparte le destitua à son retour. Les despotes ne peuvent compter sur personne ; l'amour de la liberté inspire seul les dévouements durables. Soulier fit garder toutes les avenues de la place de Grève, et attendit de nouveaux ordres.

Pendant ce temps, les dispositions de Malet s'exécutaient à merveille. Les postes étaient soumis ; la banque, la trésorerie gardées, et les administrations occupées. L'obéissance était générale. « Dans les deux régiments de la garde de Paris, dit Savary [1], qui faisaient le service de la place, pas une objection ne fût opposée aux ordres de Malet. »

Mais ici commence la faiblesse, ou plutôt l'incurie des principaux agents de la conspiration. Guidal qui était arrivé trop tard pour enlever le ministre de la guerre, parce que Lahory avait commis l'énorme faute de l'envoyer conduire Savary à la Force, manqua tout à coup d'activité. Il ne songea pas que, dans des opérations semblables, le moindre retard est funeste. Quant à Lahory, après avoir harangué ses employés et reçu leurs rapports, il fit atteler la voiture du ministre, et vint visiter Soulier et Frochot à l'hôtel de ville ; n'y ayant pas trouvé Malet, il revint à son hôtel expédier des estafettes dans les provinces, commander des habits de grande cérémonie, écrire des billets d'invitation et de faire part.

Évidemment ces deux hommes manquèrent à leur mission ; ils se reposèrent sur Malet et s'endormirent sur le succès du premier moment [2].

---

1. *Mémoires du duc de Rovigo*, t. VI, p. 30.
2. « On a traité, dit Thibaudeau, de folie cette conspiration : on y voit une audace, une prévoyance, une résolution qui dénotent un grand caractère.

« Le moment était bien choisi ; Napoléon était, avec toutes les forces de l'Empire, à 650 lieues de la capitale. Il était stationnaire dans les ruines de Moscou, et allait commencer cette tardive retraite qui détruisit son armée. L'avenir ne présentait pas un aspect rassurant. Malet, dans quelques heures, avait réussi à se rendre maître des principales forces militaires et des deux magistratures essentielles de Paris. Si Laborde eût été mieux gardé, s'il ne se fût pas mis en communication avec Doucet, le complot eût probablement réussi. »

V

Malet, après avoir donné l'impulsion au mouvement, enjoignit au concierge de la Force de ne lâcher aucun malfaiteur, puis il descendit les rues Saint-Antoine, Saint-Honoré, et se porta avec cent cinquante hommes au siége de la première division militaire. Son but était d'entraîner Hulin ou de l'écarter brusquement de la question. En arrivant à l'hôtel, il fit former son monde en bataille, expédia au colonel d'état-major Doucet, par un officier, des ordres et des instructions et se présenta hardiment devant Hulin[1].

« Général, lui dit-il, l'empereur est mort; le sénat assemblé vient d'abolir le gouvernement impérial. » Et comme il vit Hulin chanceler, il s'empressa d'ajouter : « Je suis chargé d'une mission qui m'est pénible.... Vous êtes destitué, arrêté, et je vous remplace; rendez-moi votre épée.... » Hulin essuie la sueur qui couvre son visage, puis arrêtant fixement ses yeux sur Malet debout et impassible devant lui, il balbutie : « Cependant.... général.... Je demanderai à voir vos ordres. — Volontiers, lui dit Malet, passons dans votre cabinet. » Il précède ce dernier, ferme la porte, se retourne au moment où Hulin lui dit : « Eh bien! ces ordres. — Les voici, » lui répond Malet en lui cassant la mâchoire[2] d'un coup de pistolet.

En ce moment, les détachements de la garde de Paris, envoyés par le colonel Rabbe, vinrent s'établir sur la place Vendôme, et Malet la traversa pour se rendre à l'état-major général, où il trouva le colonel Doucet lisant les pièces que l'officier venait de lui remettre.

1. Hulin avait présidé le conseil de guerre qui condamna le duc d'Enghien.
2. Hulin n'en mourut pas; on lui fit l'extraction de la balle logée dans sa mâchoire. Les gamins de Paris le surnommèrent *Bouffe-la-Balle*.

Il avait été nommé général de brigade; Bonaparte confirma cette nomination à son retour, pour le récompenser; ce qui fit dire aux Parisiens que « ce monsieur devait être nécessairement promu. »

Malet avait ordonné qu'on s'emparât de l'adjudant-commandant Laborde, petit homme laid, grêlé, dont la débauche avait encore altéré les traits; cet officier, que Malet suspectait à juste titre, pataugeait depuis vingt ans dans l'état-major de la place de Paris. Habitué à toutes les menées de partis, rien ne l'étonnait. A première vue, il comprit ce qui se passait.

Il court sans perdre de temps prendre vingt-cinq gendarmes et arrive à l'hôtel de l'état-major, où il pénètre par un escalier dérobé, au moment où Malet allait entraîner le colonel Doucet. Le général en voyant Laborde, lui dit d'une voix tonnante : « Je vous avais ordonné, monsieur, de vous rendre aux arrêts forcés, que faites-vous ici? — « Général, je ne puis sortir, les troupes m'ont barré le passage » et il fit un léger signe d'intelligence à Doucet.

Malet les observe, il sent qu'il n'y a pas un moment à perdre, dégage ses pistolets.... mais une glace placée derrière lui le trahit; Laborde et Doucet se jettent promptement sur lui en criant à la fois, *au secours! au secours!* Les gendarmes embusqués dans l'escalier se précipitent, terrassent Malet, le garrottent et le bâillonnent (tant on craignait l'effet de sa voix sur les troupes!).

En ce moment, arrive Rateau qui, voyant son général en si triste état, veut tirer son épée pour le défendre : il n'était plus temps; saisi lui-même, il est lié et bâillonné.

Quelques instants après survint le comte Réal[1]. La troupe l'empêche d'avancer; il décline son titre. « Il n'y a plus de comtes, lui dit le lieutenant Reynier. »

Réal comprit une partie de la vérité et s'empressa de rétrograder pour avertir le ministre de la guerre.

A dix heures moins un quart, Laborde et Doucet, après avoir délibéré, se décidèrent à montrer aux troupes, sur le balcon, Malet et Rateau entourés de gendarmes. Ils s'écrièrent : *L'Empereur n'est pas mort! Votre père vit encore! Ces hommes sont des imposteurs!*

La troupe rentra dans ses quartiers.

---

1. L'ex-républicain Réal défendit à Vendôme l'héroïque Babeuf et ses braves compagnons.

Les dispositions de Malet étaient si bien prises, que son arrestation n'eût été qu'un léger contre-temps; il eût été bientôt délivré, et son courage et son habileté auraient réparé cet échec; mais la mollesse et l'inintelligence des deux autres généraux firent tout avorter.

Si Lahory avait exécuté rapidement ses ordres, si Guidal n'eût pas, par sa lenteur, manqué de quelques secondes le ministre de la guerre, s'ils avaient eu un peu plus de tact, d'activité et de présence d'esprit, Malet eût été bientôt dégagé et rien n'était perdu. Mais il ne pouvait être partout et ne devait pas, au début, confier la clef du mouvement à des mains maladroites ou inhabiles; c'était à eux à le deviner, à le seconder, à s'improviser une conduite digne de leur chef.

Lahory de retour au ministère de la police, s'était occupé des détails de son installation. Il avait écrit à toutes les sociétés secrètes de l'Est et du Midi (un de ses courriers fut arrêté à Orléans).

Ce fut là le seul acte de son pouvoir. Guidal fit pis encore, il se reposa tout à fait, savourant les charmes d'une liberté inespérée et invitant ses amis à déjeuner. On les surprit tous deux dans ces occupations.

Lahory, consterné à la nouvelle de l'arrestation de Malet, n'eut pas la force de résister à Laborde. Il se laissa attacher dans un fauteuil sans songer à faire appel à ses soldats. Tous les conspirateurs furent successivement arrêtés et conduits à la Force. Laborde et Saulnier, ministre de la police, firent sortir Savary, Desmarets et Pasquier, qui regagnèrent tout confus leurs domiciles. « J'appris depuis, dit Saulnier, que les guichetiers et les soldats crurent que c'était une translation dans une autre prison que l'on effectuait. »

A midi, tous les fils de la conspiration étaient rompus, et, cependant, non-seulement les troupes refusèrent à Pasquier l'entrée de la Préfecture de police, mais il fut poursuivi à coup de crosse et obligé de se réfugier chez l'apothicaire Sillan[1], où il se fit administrer des calmants; on voulut aussi tuer Savary, et Laborde lui-même, envoyé pour faire cesser le désordre, fut enlevé par les soldats qui le traînèrent malgré ses cris à l'état-major général, où ils croyaient trouver Malet[2]. Clarke, de son côté, avait perdu toute présence d'es-

---

1. Voir le rapport de l'inspecteur de police Veyrat (pièces justificatives) et Montgaillard, t. VII, p. 131.
2. « Cet incident prouve de nouveau combien le général Malet pou-

prit. Cambacérès tremblait de tous ses membres. « Ah! mon Dieu! dit-il à son secrétaire éperdu, ils vont venir me massacrer.... Je vous reconnais bien là, mon cher, vous venez mourir avec moi! »

Saulnier, en sortant de la Force, courut chez Hulin, qu'il trouva dans un pitoyable état, pouvant à peine prononcer quelques mots incohérents. Cambacérès se tordait les bras sans savoir quel parti prendre. On alla lui annoncer l'arrestation du général Malet : cette nouvelle soulagea l'archichancelier, duc de Parme, d'un poids énorme.

Le lendemain les Parisiens apprirent par les journaux asservis que « des *brigands, échappés de prison,* avaient tenté de substituer l'anarchie à l'autorité légitime. » On exalta la vigilance de la police et la force du gouvernement impérial ; on se garda bien de parler du but des conspirateurs.

Le jour suivant, les ministres vinrent à l'Opéra pour « rassurer » la capitale, et Cambacérès donna un banquet splendide au *Rocher de Cancale.*

« Il y eut, dit Montgaillard, véritablement interrègne à Paris pendant quelques heures. »

Les Parisiens poursuivaient de leurs épigrammes le ministre détesté qu'on avait enlevé presque nu, et ce ridicule Pasquier qui était allé se rassurer chez un apothicaire[1].

Le conseil des ministres décida le lendemain qu'il appellerait cela une *équipée ;* mais il n'en fit pas moins prononcer quatorze condamnations à mort et emprisonner ou exiler quinze cents citoyens sous prétexte de jacobinisme. Lafon porte même ce nombre à deux mille.

Si Malet eût pu se multiplier, ou s'il eût eu des seconds vigoureux, tout était fini, car, en faisant fusiller les hauts dignitaires, la plupart traîtres à tous les régimes, il compromettait la population et l'armée. Le peuple criait déjà : *A l'eau!* tandis qu'on enlevait Pasquier et Savary pour les conduire à la Force. Nul doute que le général ne se fût maintenu facilement.

Son intention était, comme on l'a vu, de briser d'un seul

vait déjà compter sur ses soldats, s'il eût été efficacement secondé par les généraux Lahory et Guidal. » — Saulnier, *Conspiration Malet.*

1. Les brocards pleuvaient sur Savary et Pasquier, qui, disait-on, avaient fait « un fameux tour de force. » Les dames répétaient qu'ils auraient mieux fait de s'occuper de ce qui se passait dans les prisons que d'espionner ce qui se passait dans leurs boudoirs.

coup le gouvernement impérial pour lui substituer la République. Il avait, en outre, sous la main l'Impératrice et le roi de Rome, qu'il eût fait enlever. Clarke, quand tout était déjà fini, dirigea, en poste, l'école de Saint-Cyr sur Saint-Cloud, pour mettre Leurs augustes et précieuses Majestés à l'abri d'un coup de main.

Cette affaire, travaillée avec tant de soin, avait partout d'immenses ressources. Bonaparte savait bien que les républicains n'étaient pas morts, lorsqu'en menaçant les alliés, il s'écriait : « Gare, si je prends le bonnet rouge ! gare, si je leur lâche les Jacobins ! » L'exemple de ces hommes surpris et obéissants au génie de la conspiration, prouve suffisamment qu'elle aurait réussi si elle eût tenu un seul jour. — Voici, d'ailleurs ce qu'en dit Savary (duc de Rovigo) dans ses mémoires :

« Sans les contretemps qui firent manquer une partie de son plan, le général Malet aurait été maître de beaucoup de choses en peu de moments ; et, dans un pays si susceptible de la contagion de l'exemple, il aurait eu le trésor, la poste et le télégraphe. Il aurait su par des estafettes de l'armée la triste situation où étaient les affaires, et rien ne l'aurait empêché de se saisir de l'empereur lui-même, s'il était arrivé seul, ou de marcher à sa rencontre, s'il était accompagné.

« Le danger dont la tranquillité publique fut menacé était grand et l'on reconnut malgré soi, un côté faible dans notre position, que l'on croyait mieux affermie.

« On fut surtout frappé de la facilité avec laquelle on fit croire aux troupes la nouvelle de la mort de l'empereur, *sans qu'il vînt à l'idée d'un seul officier de penser à son fils.* »

LE PROCÈS [1].

La *justice* de l'Empire fut toujours expéditive.

Le 27 octobre, Malet et vingt-quatre de ses malheureux compagnons comparurent devant une commission militaire, ainsi composée :

Le comte Dejean, grand officier de l'Empire, grand Aigle de la Légion d'honneur, premier inspecteur général du génie, *président;*

Le général de brigade baron Deriot, commandant les dépôts de la garde impériale, etc..., *juge;*

Le général baron Henry, major de la gendarmerie d'élite et de la garde impériale, etc., *juge;*

Genéval, colonel de la 18ᵉ légion de gendarmerie impériale, etc., *juge;*

Le colonel Moncey, premier aide de camp du premier inspecteur général de la gendarmerie impériale, *juge;*

Thibault, major du 12ᵉ régiment d'infanterie légère, etc., *juge;*

Delon, capitaine adjoint à l'état-major de la 1ʳᵉ division militaire, *juge,* nommé par décision de la commission militaire pour remplir les fonctions de *rapporteur.*

La séance est ouverte à sept heures et demie du matin.

Le comte Dejean, président. Monsieur le juge rapporteur,

---

1. Nous écrivons : *le Procès,* parce que c'est le terme consacré : mais le lecteur jugera si l'on peut réellement donner ce titre à cette procédure sans nom, venue 72 heures après les faits réputés criminels, et dans laquelle les accusés, un seul excepté, n'eurent pas de défenseurs ! — (P. G.)

veuillez donner à la commission lecture des pièces de la procédure, tant à charge qu'à décharge.

Le juge rapporteur. Je vais donner lecture des pièces de la procédure dirigée contre les conspirateurs Malet, Lahory, Guidal et leurs complices. Ledit Malet, prévenu de conspiration et attentat à la sûreté de l'État.

Le rapporteur lit :

1° Deux rapports de M. le général Doucet, un rapport de M. le général Hulin à Son Exc. le ministre de la guerre, et une lettre d'un aide de camp de M. le comte Hulin ;

2° Une lettre adressée par Malet, soi-disant général de division, à M. Doucet ;

3° Un prétendu sénatus-consulte, daté du 22 octobre 1812 ;

4° Un prétendu ordre du jour, daté du 23 octobre ;

5° La proclamation du précédent sénatus-consulte ;

6° Une lettre signée Malet, et qui s'est trouvée dans le portefeuille de cet accusé, adressée à M. Rabbe, colonel du 1er régiment de la garde de Paris ;

7° Une lettre du même au colonel du 32e régiment ;

8° Le procès-verbal du commissaire de police Chopin, relativement à la descente qui fut faite à la Force le 23 octobre ;

9° Les interrogatoires subis par l'accusé Malet devant le magistrat du parquet de la haute cour impériale, au ministère de la police et devant le juge impérial[1].

On introduit ensuite les accusés, libres et sans fers.

Ils sont au nombre de vingt-quatre, savoir :

Claude-François Malet, ex-général de brigade, l'un des commandants de la Légion d'honneur ;

Victor-Claude-Alexandre Fanneau Lahory, ex-général de brigade ;

Maximilien-Joseph Guidal, ex-général de brigade[2] ;

Gabriel Soulier, commandant la 10e cohorte des gardes nationales, etc. ;

---

1. Voir ci-dessous, aux *Pièces justificatives*, ceux de ces documents qui sont parvenus jusqu'à nous. — (P. G.)

2. Si Malet, Lahory et Guidal sont *ex*-généraux et non pas généraux en activité, de quel droit les faire condamner par une commission militaire ? Ils ont droit à des juges en robe. — (P. G.)

Gomont, dit Saint-Charles, sous-lieutenant à la 10ᵉ cohorte ;

Antoine Piquerel, adjudant-major à la 10ᵉ cohorte ;

Louis-Charles Fessard, lieutenant à la 10ᵉ cohorte ;

Louis-Joseph Lefebvre, sous-lieutenant à la 10ᵉ cohorte, etc.;

Nicolas-Josué Steenhower, capitaine à la 10ᵉ cohorte ;

Louis-Marie Regnier, lieutenant à la 10ᵉ cohorte ;

Joachim-Alexandre Lebis, lieutenant à la 10ᵉ cohorte ;

Joseph-Louis Boccheiampe, prisonnier d'État[1];

Pierre-Charles Limozin, adjudant sous-officier, au régiment d'infanterie de la garde de Paris ;

Jean-Charles-François Godard, capitaine au même régiment ;

Hilaire Beaumont, lieutenant au même régiment;

Jean-Joseph Julien, sergent-major au même régiment ;

Pierre Borderieux, capitaine au même régiment ;

Jean-Henri Caron, adjudant sous-officier au même régiment ;

Georges Rouff, capitaine au même régiment ;

Jean-François Rabbe, colonel du même régiment ;

Amable-Aimé Provost, lieutenant à la 10ᵉ cohorte ;

Joseph-Antoine Viallevielhe, adjudant sous-officier au régiment de la garde de Paris ;

Jean-Baptiste Caumette, sergent-major au même régiment ;

Jean-Auguste Rateau, caporal au même régiment.

L'accusé Lahory demande la parole et dit :

« Monsieur le Président, les papiers qui ont été saisis chez moi ont été déposés à la police, ils me sont indispensables pour que je puisse m'occuper de ma défense. Je ne crois pas que l'on soit capable de me condamner sans m'entendre ; et comme ce serait ne pas m'entendre que de m'ôter les moyens de me défendre, je vous prie de donner l'ordre qu'ils me soient renvoyés. Ce sont les papiers dans lesquels se trouve l'exposé

---

1. Quant à Boccheiampe, non-seulement il n'est pas soldat, mais il ne l'a jamais été. Sa seule profession connue est celle de « prisonnier d'État. » De quel droit le faire comparaître devant une commission militaire? De quel droit le faire *fusiller* ? La guillotine au moins eût été légale. — (P. G.)

de ma vie, et particulièrement relatifs à une imputation qui m'a été faite.

Le président. Dans ce moment, il s'agit d'un fait et d'un fait unique, et je ne crois pas que ce qui s'est passé antérieurement à ceci, quelle qu'ait été votre conduite, puisse influer en aucune manière sur le fait actuel.

Vous n'aurez à vous défendre que sur le fait dont vous êtes accusé, qui est celui d'avoir attenté à la sûreté intérieure de l'Etat.

Lahory. Dans l'interrogatoire que j'ai subi, M. le conseiller d'État Réal m'a accusé d'avoir été le pivot d'une conspiration. Dans les pièces que je demande se trouve la justification de ce fait-là. Je ne crois point que, dans un moment aussi solennel, on me refuse d'établir un caractère tel que je désirerais le montrer à tout le monde.

Le président. Il n'est nullement question d'une conspiration antérieure à ce jour ; la Commission n'insistera nullement sur cette ancienne affaire ; elle n'insistera que sur le fait actuel, l'attentat contre la sûreté intérieure de l'État[1].

Lahory. Si on me refuse ce que je demande, je n'ai rien à dire. Mais le caractère de l'acccusé n'entre-t-il pas aussi dans la balance du jugement ?

Le président lui retire la parole et procède à l'interrogatoire des accusés. Le premier est le général Malet.

D. Accusé Malet, quels sont vos nom, prénoms, âge et qualité ?

R. Claude-François Malet, né à Dôle, agé de cinquante-huit ans, général de brigade.

Le président. Il résulte des pièces soumises à la commission et de vos interrogatoires, que vous avez reconnu avoir été envoyés par vous et signés : 1° *le sénatus-consulte*, 2° *l'ordre du jour*, 3° *la proclamation*, 4° *les* différents *ordres* adressés aux commandants des troupes de la garnison ; je vous invite à reconnaître ici ces pièces-là.

Malet. Monsieur le président, je les reconnais toutes.

---

1. Il est à peine nécessaire d'insister pour montrer chez les juges l'intention bien arrêtée de réduire la procédure aux faits mêmes du 23 octobre, et d'empêcher les accusés de la rattacher aux conspirations antérieures : tant le gouvernement impérial était épouvanté par les *Philadelphes*, tant il avait peur de trouver à Malet un si grand nombre de complices, que la répression devînt impossible ! — (P. G.)

Le président. Il y a aussi deux pistolets, sur ce bureau, que l'on dit avoir été saisis sur vous, et les voilà.

Malet. Je les reconnais.

Le président. Il y a également un sabre, que voilà, un paquet de cartes timbrées de la lettre L, et le cachet qui a servi à les timbrer[1].

Malet. Je les reconnais. Mais je tiens à déclarer tout de suite que ces officiers sont innocents ; j'avais pris mes mesures pour prouver que j'obéissais à des ordres supérieurs. Ils ont dû exécuter les miens.

Le président. Quels étaient donc vos complices, dans ce cas?

Malet. La France entière ; vous-même, monsieur, si j'avais réussi.

Le président. Accusé Lahory, quels sont vos nom, prénoms, âge et qualité?

Lahory. Victor-Claude-Antoine Fanneau de Lahory, âgé de quarante-sept ans, général de brigade.

Le président. Il résulte des pièces jointes au procès, et en même temps de vos réponses, que, sorti de la Force, vous auriez eu connaissance du sénatus-consulte, d'une proclamation, de l'ordre du jour, et des ordres donnés par le général Malet aux différents corps ; il résulte en même temps des interrogatoires et de vos aveux que vous avez été conduit au ministère de la police, que vous avez concouru à l'arrestation du ministre de la police afin de servir à vos vues ; qu'après l'arrestation du ministre de la police vous avez pris sa place et signé plusieurs pièces en ladite qualité de ministre de la police[2] : vous êtes convenu de ces faits. Avez-vous quelques motifs d'excuse à produire à la commission pour ces différents faits?

Lahory. C'est une justification tout entière que l'on me demande[3].

---

1. Ce signe (L), apposé sur toutes les pièces si laborieusement préparées par Malet, était évidemment l'un des signes convenus entre les Philadelphes. Sans nul doute, ce timbre servit, plus encore que les timbres de l'État, au succès momentané de la conspiration. — (P. G.)

2. S'il a signé *plusieurs pièces*, on lui reproche à tort de n'avoir occupé son ministère que de l'expédition du courrier du Midi. — (Ch. Nodier.)

3. Il n'y a rien de plus évident. La question du président est un acte d'accusation sommaire. — (Ch. Nodier.)

Le juge rapporteur. Si le prévenu veut parler de sa défense en remplaçant le défenseur officieux, ce ne peut être qu'après le rapport qu'il doit prendre la parole[1].

Le président. Alors, veuillez vous borner à répondre aux questions que je vous ai faites[2].

Lahory. Vous m'avez demandé, monsieur le président, quels moyens d'excuse je pourrais donner pour avoir arrêté le ministre de la police, et pour avoir pris part aux projets dont l'accusé Malet est censé l'auteur[3]. Je n'ai point cru que l'accusé Malet fût l'auteur du projet; j'ai cru obéir aux ordres du général Malet, comme ayant un pouvoir supérieur à moi, en allant arrêter le ministre. Quant au titre de ministre qu'on m'a vu prendre, c'est parce qu'après avoir arrêté le ministre, la fermentation qui régnait autour de lui, l'inquiétude que j'avais pour ses jours, et que lui-même a montrée, m'ont obligé de prendre un titre quelconque pour l'envoyer dans une maison de sûreté, qui était à mes yeux le seul moyen par lequel ses jours pussent être mis à l'abri du danger.

N'ayant pas d'autre titre à prendre, je l'ai pris. Voilà le seul motif pour lequel j'ai usurpé ce titre, et le seul objet que j'aie eu dans la circonstance; ce qui ne laisse pas de doute, c'est que je n'ai pas exercé les fonctions de ministre de la police[4]. Si j'avais cru l'être effectivement, j'aurais voulu en jouir au moins dès le premier moment, ne fût-ce que pour faire sortir quelques prisonniers avec lesquels je me trouvais à la Force. On ne pourra citer de moi aucun

1. Les accusés principaux n'avaient point de défenseurs officieux, parce qu'il ne s'en était point présenté. *Il ne se rencontra pas un avocat qui osât prendre la défense de Malet!* — (Ch. Nodier.)

2. Et comment voulez-vous qu'il réponde à l'accusation sans parler de sa défense? — (Ch. Nodier.)

3. Il n'y avait qu'un moyen de défense pour Malet, et Malet ne voulut pas l'employer; mais le généreux Lahory le suggère. Il parle des projets dont Malet *est censé l'auteur; il n'a point cru* que Malet *fût l'auteur* de ces projets. Il indique à la commission une source plus haute qui pourrait bien exister, et qui peut faire planer sur elle une terreur salutaire. On croit généralement que Malet avait pensé s'assurer de quelque appui dans le ministère ou dans le sénat; mais j'avoue que j'aurais peine à lui pardonner cette confiance stupide dans des hommes qui n'ont conspiré qu'à coup sûr depuis vingt-cinq ans. — (Ch. Nodier.)

4. Il ne pouvait pas savoir que son courrier d'Orléans avait été arrêté, il était sûr que plusieurs courriers étaient parvenus, et il comptait encore sur le mouvement qui faillit éclater à Lons-le-Saulnier, à Montpellier et à Grenoble. — (Ch. Nodier.)

acte qui appartienne à ces fonctions, sinon ceux qui résultaient de la situation où je me suis trouvé, ou plutôt d'une extrême générosité de ma part; car c'est par une grande générosité que j'ai consenti à usurper un titre qui pouvait seul me mettre à même de sauver les jours du ministre.

Aussitôt qu'il a paru devant moi et qu'il a été à ma disposition, ma première parole a été : « Tu n'as rien à craindre, Savary, tu tombes dans des mains généreuses[1]. »

Cependant il régnait une grande agitation; alors je lui dis (et je prie mes juges de vouloir bien s'en assurer, si ces déclarations n'existent pas de la part du ministre), je dis : « Tu ne peux rester en sûreté; je ne vois d'autre parti que de t'envoyer à la Force. » Ne sachant comment le faire recevoir par le concierge, il me fallut prendre un parti quelconque; si on me cite un autre exercice des fonctions de ministre de la police, des fonctions réelles....

Le président. Vous êtes trop instruit pour que l'on croie que vous avez pu vous méprendre sur la contexture des actes qui vous ont été présentés par l'accusé Malet[2]. Il serait difficile qu'un homme aussi instruit que vous l'êtes eût pu se méprendre sur la falsification de ces actes, qui ne portaient aucun caractère ni aucune vraisemblance[3].

Lahory. Monsieur le président, je suis sorti de la Force dans la forme commune; le concierge m'a annoncé ma liberté comme on l'annonce ordinairement. A ma sortie de la Force, j'ai trouvé le général Malet[4]; il m'a remis un paquet; il m'a parlé d'un sénatus-consulte et de tout ce qui existait très-rapidement, car je ne l'ai pas lu dans ce mo-

---

1. Ce mot renferme un sens terrible que les suites ont trop bien expliqué. — (Ch. Nodier.) — Il est très-sûr que si Lahory eût tué Savary, la conspiration réussissait. — (P. G.)

2. Qui ne s'y serait trompé?.... Pourquoi veut-on qu'un prisonnier ait mieux pénétré le secret de la conspiration du fond de son cachot que le préfet de la Seine au milieu de son palais? Si l'on réduit le délit de Lahory à une erreur si naturelle, de quel droit ose-t-on le condamner? — (Ch. Nodier.)

3. Il ne manque rien à la vraisemblance. Ne semble-t-il pas qu'il était impossible que Bonaparte mourût? Quant au caractère, pour s'assurer qu'il n'y est pas, il faut remonter aux sources. — (Ch. Nodier.)

4. S'il est prouvé, comme il est probable, que Lahory n'a été instruit des projets de Malet qu'en sortant de la Force, on ne peut plus imputer à une coupable lenteur le retard qu'il a mis à s'habiller. Lahory n'entendait parler que de sa mise en liberté, et n'était pas homme à s'émouvoir pour un événement si simple. — (Ch. Nodier.)

ment-là. J'ai ouvert ce paquet, et je n'ai vu que les titres des actes, avec l'indication de l'objet qu'ils renfermaient. Je supposais l'établissement d'un nouveau geuvernement; je supposais que ce nouveau gouvernement se formait et cherchait à détruire l'ancien; je croyais enfin concourir à une révolution commencée, et non à une conspiration[1].

Dans cette supposition, vous ne pouvez trouver extraordinaire que j'aie exécuté des ordres qui me paraissaient légaux, comme on voudra l'entendre; j'ai cru à l'existence de deux gouvernements qui se combattaient, et dans ce moment-là je n'ai pas coopéré à une conspiration. J'ai cru que le général Malet était général de division et commandait la force armée, et que je pouvais recevoir de lui un ordre.

Le président. Mais vous deviez connaître l'ex-général Malet; vous saviez qu'il avait été à la Force avec vous?

Lahory. Non; je n'ai pas vu le général Malet depuis douze années, et je n'ai entretenu avec lui, depuis ce temps, aucune liaison directe ni indirecte[2]; j'ignorais tout ce qui se passait; j'étais à la veille et au moment de partir quand on est venu m'annoncer ma liberté[3]; je suis peut-être plus excusable qu'un autre d'avoir adopté avec crédulité l'espérance d'un état de choses qui m'offrait au moins un changement dans les malheurs que je souffre depuis tant d'années.

Après avoir été proscrit pendant neuf ans dans ma patrie, sorti d'une prison d'État pour être banni en laissant mes biens, et jeté nu sur une terre étrangère, j'avais peut-être quelques droits à désirer un nouvel ordre de choses.

Je ne l'ai point préparé, et je n'ai eu aucun rapport avec le général Malet antérieurement à l'événement.

Je ne prétends pas que ma crédulité soit excusable à vos yeux; je dis que ceux qui connaissent le cœur humain savent

---

1. On l'a dit souvent, mais on ne l'a pas encore dit assez, une conspiration est une révolution qui commence, et une révolution est une conspiration qui réussit. Depuis le 18 brumaire, il y a eu en France sept ou huit conspirations militaires : selon le succès, elles se sont appelées *coups d'État* et ont mis leurs auteurs aux Tuileries, ou *conspirations* et ont mis leurs auteurs sous les verrous d'une prison. — (P. G.)

2. Ce fait est de la vérité la plus exacte. Je voudrais bien savoir comment on expliquerait le choix fait par Malet du général Labory pour diriger une conspiration qu'il a conçue, après douze ans de séparation sans communication d'aucune espèce, et l'action rapide et forte que Malet exerce sur lui dès le premier abord, autrement que par l'existence d'une société secrète qui les a constamment liés d'intention. — (Ch. Nodier.)

3. Il avait *obtenu* d'être *déporté* aux États-Unis. — (Ch. Nodier.)

que l'on doit excuser un premier moment d'erreur, dans l'homme surtout qui n'a eu qu'une minute de réflexion. Le général Malet me dit : « Il n'y a pas un moment à perdre. » Je le prie de confirmer ce qu'il m'a dit. Cette confiance peut paraître ridicule[1]; elle suppose assez peu de réflexion pour que je ne doive pas m'en honorer; mais, puisque c'est la vérité, je l'avoue avec la franchise qui constitue mon caractère.

J'avais vu, le 18 brumaire, une révolution qui s'était faite de la même manière[2]. En effet, un grand nombre de troupes obéissait au général Malet, non pas comme un rassemblement tumultueux, mais comme une troupe accoutumée à obéir à un gouvernement qui ne se croit pas dans un état de fausse position; tous les officiers qui sont ici peuvent l'attester : il n'y avait rien qui supposât dans ce corps la moindre hésitation, le moindre doute; ils obéissaient comme on obéit communément. Paris était dans un état de tranquillité absolue. Il était grand jour; j'ai pu traverser Paris avec quelques compagnies, aller à l'Hôtel de ville et à la Police sans rencontrer le moindre obstacle. D'autres troupes passaient à droite et à gauche, dans tous les sens, sans faire la moindre opposition.

J'ai pu me tromper; j'ai pu croire le Sénat assemblé; j'ai pu croire qu'il formait un gouvernement nouveau; je me suis trompé.

Demandez à un corps entier d'officiers qui sont ici; je ne doute pas de leur bonne foi à tous; ils étaient dans un état de crédulité absolue. Si l'on veut se servir de la supposition de talents et de mérite pour dire que je ne me suis pas trompé, c'est abuser contre moi de l'erreur dans laquelle un homme peut se jeter.

Le président. Il ne résulte ni de votre interrogatoire, ni des interrogatoires de vos co-accusés, que vous soyez reconnu

---

1. Lahory emploie ce moyen pour lui-même, parce qu'il est évident que l'extension s'en fera plus naturellement encore aux autres accusés. Il insiste sur la légèreté de sa confiance, pour en dissimuler d'ailleurs la véritable cause. Si Malet n'a point agi sur Lahory, au nom et avec les pouvoirs d'un parti organisé dont Lahory dépend, il n'y a réellement rien de plus ridicule que sa conduite, et il est de l'intérêt de la grande conspiration, qui leur survit pour les venger, que Lahory le fasse croire à ses juges. — (Ch. Nodier.)

2. Le témoignage de Lahory restera au grand procès que l'Histoire fait aux Coups d'État. « *J'ai vu*, dit-il, *au 18 brumaire, une révolution qui s'est faite de la même manière.* » — (P. G.)

comme l'auteur de la conspiration, mais il résulte de faits positifs que vous y avez concouru.

Lahory. Je ne nie pas que je n'y aie concouru, que je n'aie concouru à un acte qui, par l'effet matériel, se trouve être une conspiration ; j'ai cru concourir à la formation du nouveau gouvernement, comme j'ai concouru au 18 brumaire[1] : c'était dans Paris un même état de tranquillité. Trompé par ce souvenir, j'ai pu, plus qu'un autre, tomber dans l'erreur ; j'avouerai franchement mes torts : je sais que ma tête est dévouée, je ne parle pas pour la sauver ; je dis franchement ce que je pense et ce que je crois. On dira peut-être, en supposant que j'affecte une crédulité factice, on dira que j'avais des arrière-pensées, que je savais tout. J'ignorais tout. S'il se trouve dans tous les interrogatoires, dans toutes les dépositions, dans toute ma conduite, dans tous les papiers que l'on a trouvés chez moi, un fait, un indice qui suppose ma connaissance sur ce fait, qu'on le cite ?

Le président. J'ai déjà dit à l'accusé qu'il n'existait point de preuves qu'il fût l'auteur du complot, mais qu'il existait la preuve positive qu'il a coopéré à ce fait qui est l'objet du procès.

Lahory. Je ne croyais pas conspirer ; je croyais obéir à un gouvernement formé : je croyais à l'existence du sénatus-consulte ; je croyais l'empereur mort. Le Sénat assemblé formait la base et le type d'un gouvernement nouveau. Pourquoi ne veut-on pas que je l'aie cru ? Je n'avais aucun moyen de vérifier ce que croyait tout un corps d'officiers ; pourquoi ne veut-on pas que j'aie été trompé, quand tant d'autres étaient dans ce même état d'erreur ?

J'en reviens à ce qui tient au titre de ministre de la police. Le ministre me rend la justice que j'ai fait tout ce que j'ai pu pour conserver ses jours, que je n'ai eu que cela en vue ; ce n'était point un acte de reconnaissance, car j'ai au contraire beaucoup à me plaindre de la police.

Le président. Il n'y a aucune action dans le sens contraire à ce que vous annoncez. Au reste, j'ai déjà dit à l'accusé qu'il

---

1. Il revient sur le 18 brumaire pour forcer les juges à la comparaison qu'il établit, et qui réduit Bonaparte au rôle d'un conspirateur favorisé par le hasard. Lahory n'ignore pas, d'ailleurs, qu'il manquait à l'affaire du 23 octobre le moyen de succès le plus puissant du 18 brumaire, le concours de l'ambition et de la cupidité des gens en place, et celui du crime lui-même, qui cherche partout une garantie. C'est ce qui fait que les conspirations de la vertu prospèrent si rarement. — (Ch. Nodier.)

ne s'agissait pas ici du ministre, mais de l'attentat contre la sûreté intérieure de l'État : le ministre n'est qu'un être secondaire.

Lahory. Mais, dans la supposition qu'il n'y ait point de relation entre l'attentat contre le ministre et l'attentat contre la sûreté de l'État, dans la supposition de la commission qui les distingue, je déclare, sur mon honneur et sur ma conscience, que j'ai cru positivement à l'existence du sénatus-consulte ; je ne l'ai pas lu assez pour le juger, j'en conviens. Tout le corps d'officiers qui est ici présent, et devant lequel on m'a remis le paquet, peut attester si j'ai eu le temps, une minute seulement, pour en faire la lecture. Vous direz à cela que, dans des choses d'une importance aussi grave, une erreur semble ne pouvoir être excusée ; j'ai eu tort, plus qu'un autre je suis coupable, mais je le suis avec une erreur capitale et première, qui provient de la situation politique dans laquelle je suis.

L'accusé, interrompu par le président, insiste sur le besoin qu'il a d'avoir l'exposé de sa vie pour sa défense. Je puis avoir besoin, ajoute-t-il, que vous me jugiez tel que je suis. Les apparences, d'après le rang que j'ai pu avoir autrefois sur la terre, toutes ces circonstances peuvent mieux faire apprécier le rôle que j'ai joué dans une opération qui est un acte de démence, quand on la juge telle qu'elle était ; mais quand on ne l'a pas vue telle qu'elle était, ce n'est plus la même chose.

Le président procède ensuite à l'interrogatoire de l'accusé Guidal. Aux questions qu'il lui adresse, ce général déclare s'en référer aux réponses de ses interrogatoires et enfin reconnaît les pièces aux dossiers. Il se plaint de n'avoir pas de défenseur, quoiqu'il en ait désigné un à M. le rapporteur, qui répond avoir prévenu l'accusé qu'il était libre d'appeler qui bon lui semblerait.

Le président ordonne aux accusés Regnier et Fessard de se lever, et demande à Guidal s'il reconnaît, dans ces deux accusés, ceux qui sont soupçonnés d'avoir tenu devant lui, au ministère de la police, ce propos : « Qu'y a-t-il à faire ? on enfile cela comme des grenouilles. » L'accusé déclare ne pas les reconnaître.

Le président interroge l'accusé Soulier.

Il déclare n'avoir su que la veille, que le général qui se présenta chez lui le 24 octobre était le général Malet.

Le président. Vous avez pris lecture des actes ?

Soulier. Non, monseigneur, on m'a lu les actes ; dans l'état de fièvre et de tremblement où j'étais, je ne pouvais rien entendre. J'ai eu l'honneur de déclarer, devant S. Exc. le ministre de la police, que je n'y avais rien compris.

L'accusé, dont le trouble est extrême, et qui pendant le cours des débats manifeste la plus vive inquiétude, convient avoir autorisé qu'on assemblât la cohorte; il cherche à justifier son erreur en disant que la nouvelle qu'on lui avait apportée (la mort de Napoléon) l'avait tellement troublé, que, dans l'intervalle d'un quart d'heure, il changea quatre fois de chemise.

L'accusé Piquerel fait ainsi sa déclaration :

J'ai été réveillé à trois heures et demie du matin par mon adjudant, qui m'a dit : « Monsieur le major, dépêchez-vous de vous lever, le commandant vous demande chez lui.... » A trois heures et demie ou quatre heures du matin, je me suis rendu chez le commandant, qui m'a dit : « Mon capitaine, j'ai une triste nouvelle à vous annoncer. — Qu'est-ce que c'est, mon commandant? — La mort de l'empereur. » Je fus extrêmement surpris ; je ne me tenais plus sur mes jambes. Il dit : « On va nous donner lecture d'un sénatus-consulte dont le général qui est ici a autorisé quelqu'un de vous donner connaissance. »

C'est ensuite que le commandant me dit : « Allez prendre vos épées. » J'observe que l'adjudant ne m'a point quitté. Il dit ensuite : « Rendez-vous au quartier, faites prendre les armes à la cohorte : aussitôt qu'elle sera réunie, vous demanderez qu'on lise le sénatus-consulte; » ce que je fis.

L'adjudant fit prévenir MM. les officiers, d'après l'ordre. Le moment d'après, le général vint au quartier, et fit former non pas le carré, mais le fer à cheval, pour donner connaissance à la troupe assemblée : ce qui fut fait. J'ai eu connaissance de l'ordre du jour du 23 au 24. La troupe fut très-tranquille, et écouta sans murmures. Ensuite, j'ai l'honneur d'observer que le commandant me dit : « Aussitôt que les hommes seront prêts, vous partirez avec cinq compagnies ; vous m'en laisserez une au quartier, parce que je vais partir aussi ; elle me servira d'escorte.... »

Sur l'observation faite à l'accusé par le président qu'il résulte de sa déclaration qu'il n'aurait agi que d'après les ordres de son commandant, Piquerel répond affirmativement.

Aux questions que M. le président adresse à cet égard au commandant Soulier, celui-ci dit, après que Malet, placé à ses côtés, lui eut suggéré sa réponse : « J'ai si peu de mémoire, que M. Malet observe que c'est lui qui a donné l'ordre. »

Malet. C'est moi qui ai donné l'ordre du départ de la caserne.

Soulier. J'ai donné l'ordre pour lire le sénatus-consulte. Je n'ai pas donné d'autre ordre : la personne qui l'a donné est là.

Le rapporteur (à Soulier). N'êtes-vous pas allé à la préfecture du département de la Seine? — *Réponse.* Oui, monsieur.

Le rapporteur. Vous êtes-vous transporté de votre personne? — *Réponse.* Oui, monsieur; loin de là, je n'ai pas donné l'ordre de faire sortir la troupe.

Le président. Dès que vous vous êtes transporté de votre personne, avec une compagnie, à la préfecture, il est plus que probable que vous avez donné les ordres intérieurs qui se liaient à celui-là : vous n'auriez pas laissé cinq compagnies dans la caserne; il résulte de cette conduite une grande probabilité que vous êtes l'auteur seul du premier ordre.

Malet interrompt le débat qui s'est élevé sur cette difficulté et dit : « Voulez-vous me donner un instant la parole pour éclaircir la chose? Quand je suis arrivé chez le commandant, je l'ai trouvé au lit malade; pendant le peu de temps que j'ai resté là, il a changé deux fois de linge; j'ai demandé que l'on fît prendre les armes à la cohorte pour lire le sénatus-consulte, l'ordre du jour et d'autres actes. Là, il a fait venir l'adjudant-major, et lui a dit de faire prendre les armes, de mettre la cohorte à ma disposition quand les actes seraient lus. Puisque j'avais donné les ordres à M. le commandant de faire marcher la cohorte, c'était dans mon ordre écrit. M. le commandant se trouvait sous mes ordres, aussi bien que si j'avais été un général envoyé par le Sénat; j'en jouais le rôle dans ce moment-là; il devait m'obéir, parce que je me serais fait obéir s'il ne l'avait pas fait.

Le président. S'il avait suivi la consigne de la loi, il vous aurait fait arrêter.

Malet. J'ai pris tous les moyens pour prouver que j'agissais d'après des ordres supérieurs : je crois qu'il devait obéir comme il l'a fait. C'est moi seul qui ai mis M. le commandant dans l'erreur, j'ai pris pour cela tous mes moyens, comme ma déposition le constate [1].

---

1. Si, dans toute cette affaire, la conduite du général Malet n'eût pas

Le président. Accusé Piquerel, vous avez été au ministère de la police; vous étiez présent à l'arrestation du ministre; le ministre vous a adressé la parole et vous a dit : « Vous êtes un bon garçon? »

Piquerel. Oui, il m'a dit : « Si vous êtes un bon garçon. » Il fit un mouvement : je n'ai pu comprendre ce qu'il pouvait dire. Il dit : « Je suis le ministre de la police. — Je n'ai pas l'honneur de vous connaître. » Il dit : « Qui vous a envoyé ici? » Je dis : « Monseigneur, je sais qu'on nous a donné connaissance d'un sénatus-consulte, à trois heures et demie du matin, dans la cour du quartier; j'ai été conduit par un général; je ne savais pas même où j'allais, je ne connais pas Paris. »

Le président demande à Piquerel si c'est lui ou Guidal qui a fait conduire le ministre à la Force. Celui-ci répond négativement.

Lahory. Pour l'ordre du ministre, c'est moi qui l'ai donné; c'était convenu avec lui (le ministre); je l'en ai prévenu avant de le faire partir; je lui dis : « Tes jours ne sont pas en sûreté ici, il n'y a pas d'autre moyen que de t'envoyer en prison. » Le général Guidal n'a été que l'exécuteur de ma volonté.

Piquerel. Je n'ai pas vu sortir Son Excellence : c'est un instant après que j'ai rencontré M. Laborde, qui dit : « Rendez-vous à vos quartiers, l'empereur est vivant. » Alors nous criâmes : Vive l'Empereur! Et je suis parti sur-le-champ, très-content d'apporter cette nouvelle-là.

Le président passe à l'interrogatoire des accusés Fessard, Gomont, Lefèbvre, Regnier, Steenhower, Lebis et Provost, instruments passifs du général Malet. Leurs déclarations offrent peu d'importance.

Après avoir entendu ces accusés et Boccheiampe, prisonniers d'État depuis longues années, le président s'adresse au colonel Rabbe.

Demande. On vous a donné lecture du sénatus-consulte, de l'ordre du jour et de la proclamation?

Réponse. En partie, oui, monseigneur. Voici comment cela s'est passé. Sur les sept heures et demie ou huit heures moins un quart, l'adjudant s'est présenté chez moi, extrêmement essoufflé, tenant un paquet à la main. « Nous avons

été un prodige de courage, de présence d'esprit et de générosité, ses réponses seules suffiraient pour l'immortaliser. — (Note de l'abbé Lafon.)

beaucoup de nouveau. » Il ne pouvait pas parler; il se trouva pendant un peu de temps sans pouvoir commencer sa lecture; il commence à lire. Aux premiers mots, j'entends qu'il dit que l'empereur avait perdu la vie sous les murs de Moscou, et qu'on cherchera à sauver les débris de l'armée.... A ce mot-là je fis un mouvement; je ne savais pas dans quelle position je me trouvais; je m'appuyai contre la cheminée. Quand j'en ai entendu une partie, j'étais dans une position que je ne puis vous rendre. Je dis : « Qu'allons-nous faire? Nous sommes perdus! » Après avoir rendu compte des dispositions qu'il prit, il poursuit :

A l'instant où je m'habillai pour aller à la place Vendôme, sur-le-champ M. Laborde vint chez moi et dit : « Comment! je viens de rencontrer plusieurs de vos compagnies qui s'en vont de côté et d'autre. » Je dis : « Qu'est-ce que c'est donc? » Je cours à la caserne. En arrivant à la caserne, M. Laborde avait déjà fait rentrer des compagnies. Je trouvai plusieurs officiers ensemble et dis : « Qu'a-t-on fait? Je vous donne un ordre; vous ne l'exécutez pas. » Le disponible se dispose à droite et à gauche. Je dis : « Faites rappeler ce qui est ici.... » En arrivant à la place Vendôme, le général Doucet me dit : « Qu'avez-vous donc fait, Rabbe ? » Je dis : « Mon général, j'en suis tout saisi; mais j'ai envoyé ordre à tous les détachements pour qu'ils rentrent.... » Ici l'accusé rend compte des mesures qu'il a prises pour réunir ses soldats.

Demande. Pourquoi n'avez-vous pas retenu les ordres?

Réponse. Voilà ma faute; je l'ai reconnue sur-le-champ : ma tête n'était pas tout à fait à moi. Je ne peux pas vous exprimer le mouvement que cela m'a fait. Je n'ai pas même touché ces ordres; l'adjudant les a lus. Mais aussitôt qu'on a parlé de la mort de l'empereur, et qu'on alllait employer des moyens pour sauver les débris de l'armée, cela m'a donné un coup de foudre, j'ai dit : « Nous sommes perdus! » On a continué à lire, et, au lieu de retirer les ordres, j'ai perdu ma présence d'esprit. J'ai fait une faute; je m'en suis aperçu trop tard.

Les accusés Godard, Borderieux, Beaumont, Limozin, Rouff, Viellavielhe, Caumette, Caron, font successivement leurs déclarations, qui ne portent que sur les détails militaires qui ont concouru à l'exécution du complot. On entend ensuite l'accusé Rateau.

Le président. Vous avez déclaré, dans votre interrogatoire, avoir vu plusieurs fois l'accusé Malet?

Réponse. Oui, monseigneur.

Le président. Ceci est en opposition avec la déclaration de l'accusé Malet, qui a affirmé ne vous avoir jamais vu.

Réponse. Je l'ai vu cinq ou six fois chez lui ; je n'allais pas chez lui pour cela.

Le président. Il s'agit seulement du fait que l'accusé vous connaît et vous avait déjà vu. On peut conclure, avec assez de vraisemblance, dans la supposition même que l'accusé Malet ne vous aurait pas fait part de tous ses projets, qu'il vous en avait annoncé une partie ?

Réponse. Je vous demande pardon, monseigneur.

Le président. Il vous a dit : « Vous serez mon aide de camp. »

Réponse. Je vous demande pardon ; il ne m'a jamais rien dit qu'après l'affaire. Il y a plus de trois semaines que je n'y ai été.

Le président. Il vous a donné rendez-vous ?

Réponse. C'est le nommé Boutreux qui m'avait dit que nous passerions une soirée à nous amuser, que nous prendrions une permission de vingt-quatre heures, et que nous irions nous amuser dans Paris. C'est le soir que nous nous sommes rendus rue Saint-Pierre (je ne me rappelle pas bien le nom de la rue), où le général Malet s'est rendu.

Le président. La seule question importante à vous faire était de constater si vous aviez vu plusieurs fois l'accusé Malet.

Réponse. Je l'ai vu cinq ou six fois ; je ne l'ai vu que par l'intermédiaire de M. Lafon.

Le président. Votre déclaration le porte. Vous avez dû cependant être prévenu que vous deviez, soit la veille, soit le jour, être affublé d'un habit d'aide de camp ?

Réponse. Je vous demande pardon ; ce n'est que dans le moment que le général me dit, après que j'eus dîné assez bien : « Vous allez endosser un habit d'aide de camp ; vous serez mon aide, vous serez à mes ordres et vous m'obéirez. »

Le président. Tous les accusés ayant été interrogés, la parole est à M. le capitaine rapporteur.

Le rapporteur se borne à établir la matérialité des faits sur lesquels repose l'accusation. Il requiert une application terrible de la loi contre ces « soldats infidèles qui ont manqué à la foi jurée à leur empereur, mis en question tous les principes sur lesquels repose l'ordre social, et menacé de replonger la France dans les horreurs de la révolution. »

Le président. La parole est à la défense.

Malet. Monsieur le président, ceci est une étrange ironie. Pas un avocat ne s'est présenté. Au surplus, *un homme qui s'est constitué le défenseur des droits de son pays n'a pas besoin de plaidoyer :* IL TRIOMPHE OU IL MEURT.

Le président. Accusé Lahory, vous avez la parole.

Lahory reproduit les considérations qu'il a développées dans son interrogatoire.

Le président. Accusé Guidal, qu'avez-vous à dire pour votre défense?

Guidal (sans se lever). Qu'on me fusille le plus tôt possible.

Le président. Accusé Boccheiampe, vous avez la parole.

Boccheiampe (parlant avec difficulté, et avec un accent italien des plus marqués). J'avais demandé un défenseur.... Je connais peu la langue française.... Mon défenseur n'est pas là ?

Un juge. Parlez donc, on vous comprendra assez.

Boccheiampe. Je suis prisonnier d'État depuis 1803. J'ai été arrêté sans raison. Un jugement m'a acquitté : on m'a enfermé dans une autre prison jusqu'à nouvel ordre. J'étais malade : on m'a transféré à la Force. Je suis descendu au greffe quand on est venu mettre en liberté MM. Lahory et Guidal. On m'a dit : Vous êtes libre. Je suis sorti.

Le rapporteur. Vous connaissez l'accusé Guidal?

Boccheiampe. Depuis un mois nous dormions dans la même chambre. C'est un homme d'honneur.

Le président. Accusé Soulier, vous avez la parole.

Soulier. La loi m'accorde un défenseur officieux et je n'en ai pas.

Le rapporteur. Par votre faute. Vous étiez prévenu : il fallait en faire venir un.

Soulier. Je n'ai été prévenu qu'hier à huit heures du soir.

Un juge. On écrit le soir. Tous les avocats ne sont pas couchés à huit heures du soir.

Malet. Mais, à huit heures, les geôliers sont couchés et les prisonniers sous clef, sans lumière.

Le rapporteur. Je prie M. le président d'imposer silence

à Malet qui dicte les réponses de tous les accusés. C'est intolérable.

Le président (à Soulier). Vous avez reçu Malet chez vous?

Soulier. Je ne l'ai pas reçu, il est entré.

Le rapporteur. Pourquoi l'avez-vous laissé entrer? Pourquoi lui déléguer votre autorité? Pourquoi ne pas le faire arrêter? Allons, répondez !

Soulier (très-troublé). Parce que.... permettez.... Le général....

Malet. Le colonel ne pouvait soupçonner que je le trompais. Ceux qui l'accusent m'auraient obéi de même, plus facilement peut-être. J'ai prouvé que je savais me faire obéir.

Soulier. Messieurs, j'ai vingt-cinq ans de services.... Depuis l'an v sous les ordres de l'Empereur! Preuve que ce n'est ni le grade de général de brigade ni le bon de cent mille francs qui m'on fait agir.... Depuis l'an v sous les ordres de l'Empereur !... J'ai commandé un détachement en Italie...; et en l'an VIII je fus présenté au premier consul, qui me dit les choses les plus agréables.... On m'accuse de m'être laissé séduire; mais en 1810, commandant le fort Mont-Jouy, à Barcelonne, l'ennemi me fit offrir cinq cent mille francs et le grade de général au service d'Espagne. Je répondis à coups de canon et quatre cents Français repoussèrent douze mille Espagnols. Mes états de service en font foi.

Le président. Il fallait repousser de même les conjurés.

Soulier. J'étais fort malade; je n'avais pas ma présence d'esprit.

Le rapporteur. Si vous n'aviez pas votre présence d'esprit, pourquoi, au lieu de vous rendre à l'hôtel de ville, ne pas aller à l'état-major demander des ordres?

Malet. Précisément parce qu'il n'avait pas sa présence d'esprit.

Soulier. Je commandais dans ce moment les six cohortes; j'avais dix mille cartouches à balle. Un conspirateur n'aurait-il pas disposé de ces ressources? Eh bien ! la troupe est partie avec des pierres de bois aux fusils, comme pour aller à l'exercice. J'ai cru à la mort de l'Empereur, voilà mon crime.

Le président (à Rateau). Qu'avez-vous à dire pour votre défense?

Au moment où Rateau se lève pour répondre, Malet prend la parole.

Malet. Messieurs, la défense de M. Rateau me regarde plus personnellement que la mienne. M. Rateau est venu dans la maison de santé où j'étais, y voir un ami de son pays ou bien un parent; je crois qu'on m'avait dit un parent. Je l'ai vu là quatre ou cinq fois; il s'est trouvé une circonstance où son ami me dit : « Si vous pouvez, tâchez par vos connaissances de le faire avancer, vous me rendrez un service personnel. » La circonstance s'est présentée : sans rien dire à M. Rateau, je lui ai demandé s'il avait bien envie de s'avancer; il me dit que c'était l'envie de tous les militaires, et qu'il ne servait que pour cela. Je lui dis : « Mon ami, l'occasion s'en présentera peut-être, je vous le dirai. » Le soir où je l'ai rencontré, je lui ai fait mention que j'étais chargé par le sénat de mettre à exécution des ordres, et que s'il voulait être mon aide de camp, je lui donnerais l'avancement que j'avais promis. Il a accepté; les choses s'ensuivirent. Il est venu avec moi dans la maison, il a mis l'uniforme d'aide de camp : il ne savait pas venir pour autre chose. Voilà la vérité pour Rateau.

Rateau. Le général lui-même est mon témoin ; vous voyez....

Le président. Accusé Rabbe?...

Rabbe. Monseigneur, je m'en rapporte à la clémence de la commission.

Un juge. Défendez-vous donc, colonel !

Rabbe. Je n'ai rien à dire.

Le président. Accusé Fessard, vous avez la parole.

Fessard. J'y renonce.

Le rapporteur. Je prie la commission de ne pas oublier que par son silence même l'accusé Fessard reconnaît avoir tenu cet exécrable propos : « On embroche cela comme des grenouilles. »

Malet. Ce n'est nullement prouvé.

Fessard. Mon silence est mal interprété par M. le rapporteur. Le ministre a dit: « Je vous recommande *le petit Noirot* qui voulait m'embrocher comme une grenouille; » mais moi je n'ai rien dit.

Le rapporteur. La désignation *le petit Noirot* ne peut s'appliquer qu'à vous.

Fessard. Je suis petit et j'ai les cheveux noirs; mais ce n'est pas une raison pour qu'on me fusille.

Lahory. Le propos qu'on reproduit n'a pas été tenu par M. Fessard.

Le rapporteur. Par qui donc?

Malet (vivement). Lahory ne le sait pas!

Le rapporteur. Encore M. Malet! Il faudrait pourtant qu'il consentît à ne pas répondre pour tout le monde!

Lahory. Et quand je le saurais, le dirais-je?

Le président. Accusé Regnier, parlez.

Regnier (tenant un papier). J'ai rédigé ma justification. (*Lisant*): Messieurs, on était si troublé que les uns couraient d'un côté, les autres d'un autre. On ne savait ni quoi ni qu'est-ce. Moi, je n'ai fait qu'obéir, comme j'obéis depuis vingt-deux ans, et je n'ai tenu aucun propos séditieux. (L'accusé se rassied en pliant son papier.)

Le président interpelle successivement les accusés Gomont, Lebis, Limozin, Godard, Julien, Caron, Provost, Viallevielhe et Caumette, qui répondent n'avoir rien à dire, sinon qu'ils n'ont fait qu'obéir à des ordres qu'ils ont crus légaux.

Le président. Borderieux, qu'avez-vous à dire?

Borderieux. Simplement ceci, mon général. J'ai vingt-cinq ans de service, quatorze campagnes, cinq blessures. Je suis enfant de troupe; le clocher de mon village c'est les aigles de l'Empereur (*sic*). Ma mère a toujours suivi les armées; j'ai été fait chevalier de l'Empire sur le champ de bataille; ma femme est blanchisseuse des pupilles de la garde. Je suis trop dévoué à ma patrie pour la trahir. Plutôt périr que manquer à l'honneur! Vive l'Empereur!

Le président. Accusé Beaumont, défendez-vous.

Beaumont. J'avais fait assigner des témoins, j'avais demandé un avocat, et je ne les vois pas.

Plusieurs accusés. Moi aussi, moi aussi.

Le rapporteur. Pourquoi ne sont-ils pas venus?

Malet. Vous devez, ce me semble, Monsieur, le savoir mieux que personne.

Un juge. Ils ne sont pas venus, parce qu'ils n'ont rien à dire, apparemment.

Beaumont (s'asseyant). Je ne suis pas avocat.

Le président. Accusé Rouff, vous avez la parole.

Rouff se lève et ne dit rien. Ses lèvres s'agitent sans pro‑
férer aucun son.

Rateau. Monseigneur, depuis notre arrestation, la tête du
capitaine Rouff bat la breloque : il ne sait plus ni ce qu'il
dit, ni ce qu'il fait....

Le président. Accusé Lefèvre, vous avez la parole.

Lefèvre. Je m'assimile au capitaine Regnier. Je ne me
suis point permis le plus petit propos, et je n'ai point agi
par moi-même. J'ai dit : « Il n'y a plus de comtes, » parce
que c'était dans ma consigne ; mais je ne me suis pas permis
la plus légère infraction à la discipline. J'ai cru que mon
devoir était de faire ce que je faisais.

Le président. Accusé Steenhower, parlez.

A ce moment, un avocat, Mᵉ Gaubert, se présente à la barre.

Mᵉ Gaubert. Messieurs, je me présente pour l'accusé
Steenhower, qui est mon beau-frère ; mais averti trop tard, je
n'ai entendu qu'une partie des débats, et je ne connais pas
même l'acte d'accusation.

Un juge. Pourquoi parler alors ?

Mᵉ Gaubert. Je veux au moins essayer de vous soumettre
quelques observations improvisées en faveur de Steenhower et
de ses infortunés camarades.

Le président. Vous avez la parole.

Mᵉ Gaubert. Messieurs, chargé depuis quelques heures
seulement de la défense de Steenhower, et dans une affaire
aussi importante, certes, je n'aurais point osé paraître devant vous si je n'avais été convaincu ; mais je crois que vous
l'êtes vous-mêmes, que la plupart des accusés ont été éga-
rés par l'imprudence, et que jamais dans leur cœur il n'est
entré le moindre germe de culpabilité....

Un point important d'abord, je le crois, est de faire remarquer ici qu'à la réserve peut-être de quelques chefs, il
n'y a point eu de conspiration méditée ; qu'il s'est agi seulement d'un coup de main ; et alors la défense des accusés
va devenir plus simple. La crédulité avec laquelle ils se sont
livrés va devenir naturelle, et vous pensez bien que c'est à
des gens éloignés par état du gouvernement, qui n'ont pu
avoir connaissance des signatures des principaux sénateurs
qui avaient dû être apposées au bas du sénatus-consulte,

qui n'ont pu même les vérifier, que l'un des accusés a été s'adresser ; et vous en avez vu le refus.

« Ainsi donc, et ce premier point est important, je le crois, il s'agit d'un coup de main : coup de main qui résulte même de la manière dont les choses se sont passées ; car il est impossible de ne pas penser que si la conspiration eût été méditée ; que si la conspiration eût été projetée entre un assez grand nombre d'individus, la police, active comme vous la connaissez, ne fût pas parvenue à la découvrir et à l'anéantir avant même qu'on eût pu en commencer l'exécution.

« Un point bien important à observer, c'est de remarquer dans quelle circonstance les individus que je défends ont été prévenus. On les réveille à trois heures du matin, dans un instant où le repos n'est pas encore entier pour eux.... Une autre circonstance a dû aussi écarter toute idée lucide : c'est l'affreuse nouvelle qu'on leur apportait. Quelle nouvelle pour des Français ! Quelle nouvelle surtout pour des braves ! C'était la mort de leur chef ; et ce chef mort, le père mort pour ses enfants ! Comment croire, Messieurs, qu'ils aient pu conserver cette saineté d'esprit nécessaire pour juger ce qu'on leur faisait faire ! Vous savez maintenant comment se sont passées les choses, et je ne crains pas de le dire : Tous ceux que je défends, ainsi que cela résulte des débats, ont obéi aux ordres des supérieurs.

« Jusqu'à quel point l'obéissance dans un militaire doit-elle aller ? Ce n'est point à moi à le décider : vous connaissez mieux que moi, vous tous qui avez commandé des hommes, vous connaissez que le militaire est essentiellement obéissant, qu'il ne juge point, qu'il ne peut pas délibérer.

« Et dans le moment où la conspiration est présentée, où la conspiration a eu lieu, ont-ils pu agir immédiatement ? ont-ils pu délibérer ? ont-ils pu raisonner ? cela était impossible !...

« Il reste une objection qui peut paraître importante : c'est celle qui a été faite dans la supposition que tout militaire, en même temps qu'il jure fidélité à l'Empereur, jure aussi fidélité à la Constitution, jure aussi fidélité à celui qui doit hériter du trône.

« Comment, Messieurs, l'Empereur est-il venu sur le trône ? Il est venu sur le trône par le vœu de tous les Français, vœu manifesté par suite d'un sénatus-consulte ; c'est au sénatus-consulte qu'il fallait obéir, au sénatus-consulte véritable aux yeux de ceux qui n'en connaissaient pas la fausseté ; un sénatus-consulte a pu égarer des gens qui ne connaissaient point les affaires ni les lois ; c'était à un sénatus-consulte qu'ils obéissaient. »

Le défenseur examine ensuite les charges relatives à chacun de ses clients improvisés, et termine en ces termes :

« Que résultera-t-il de cette affaire? La punition sans doute de quelques-uns des coupables, mais l'indulgence pour des gens qui n'ont été qu'imprudents ; il en résultera, pour Sa Majesté, que cette conspiration, la plus grande folie qu'on ait pu imaginer, servira à manifester de plus en plus l'amour que lui ont témoigné tous ses sujets et tous les braves militaires. »

Le président. Aucun des accusés ne réclame la parole ?

Piquerel. Je la demande.

Le président. Parlez.

Piquerel. Ma défense est simple. Je ne connais que les lois militaires : chargé de l'instruction du régiment, c'est moi qui faisais la théorie aux sous-officiers.... Les règlements disent : *Dans tous les cas le grade inférieur doit obéissance au grade supérieur :* le caporal au sergent; le sergent au sergent-major; le sergent-major à l'adjudant; l'adjudant au sous-lieutenant; le lieutenant au capitaine; le capitaine au chef de bataillon.. Défense de commenter ou interpréter les ordres. Peine de mort contre la désobéissance et la révolte.... Or, on me reproche ici : quoi? d'avoir obéi. Doit-on me fusiller tout de même ? Je suis capitaine. Le colonel Soulier, qui est mon supérieur, me dit : « Rassemblez la cohorte; » je la rassemble. « Allez à l'hôtel de ville; » j'y vais. Ensuite, M. le major de la place, qui est aussi mon supérieur, me dit : « Criez *vive l'Empereur !* » je crie *vive l'Empereur !* « Retournez à la caserne; » je retourne à la caserne. Ma conduite est conforme au règlement : donc, je ne suis pas coupable.

Le président. Les accusés n'ont rien *à ajouter* à leur défense?

Plusieurs voix ensemble. Mais nous n'avons pas été défendus?

— On ne m'a pas donné de défenseur !

— Ni à moi !

— Ni à moi !

— Ni à moi non plus !

Le président. — Les débats sont clos.... Gendarmes, faites sortir les accusés. La commission va délibérer.

A ces mots la plupart des condamnés ne dissimulent plus les émotions qui les agitent.

Soulier. Monseigneur, nous sommes d'anciens militaires, des pères de famille.... Nous n'avons pas de fortune : que vont devenir nos femmes, nos enfants? Ayez pitié de nous !

Borderieux. Et moi! que vais-je devenir? je suis né sous les drapeaux; j'ai toujours été dévoué à l'Empereur, on le sait.... *Vive l'Empereur !*

Rateau. Oui, vive *Sa Majesté l'Empereur et Roi !*

Lahory. Et *sa justice !*

Guidal. Quant à moi, je n'ai qu'un mot à dire à mes juges : c'est qu'ils sont tous des esclaves!

Le président. Gendarmes, emmenez donc les accusés!

Malet. Vive la liberté !

La commission se retire dans la chambre des délibérations; à quatre heures du matin, elle prononce, par l'organe du président, un jugement qui condamne :

1° A l'unanimité, le nommé Claude-François Malet, ex-général de brigade, en réparation du crime contre la sûreté intérieure de l'État, pour un attentat dont le but était de détruire le gouvernement et l'ordre de successibilité au trône, et d'inviter les citoyens ou habitants à s'armer, *à la peine de mort* et à la confiscation de ses biens;

2° A l'unanimité, les nommés Victor - Claude - Alexandre Lanneau-Lahory et Guidal, ex-généraux de brigade; Gabriel Soulier, chef de bataillon; Nicolas-Josué Steenhower; Pierre Borderieux; Antoine Piquerel, capitaine; Antoine Lepars; Louis Marie Regnier; Hilaire Beaumont, lieutenant, et Jean-Auguste Rateau, caporal, en réparation du crime de complicité avec le nommé Malet, *à la peine de mort* et à la confiscation de leurs biens;

3° A la majorité de six voix contre une, le nommé Jean-François Rabbe, en réparation du crime de complicité avec le nommé Malet, *à la peine de mort* et à la confiscation de ses biens;

4° A la majorité de cinq voix contre deux, le nommé Joseph-Louis Boccheiampe, prisonnier d'État, en réparation du crime de complicité avec ledit Malet, *à la peine de mort* et à la confiscation de ses biens.

Ladite peine prononcée contre les ci-devant nommés, en conformité des articles 87 et 88 du Code pénal de 1810.

La Commission acquitte et décharge :

1° A l'unanimité, les sieurs Gomont dit Saint-Charles, sous-lieutenant ; Joseph-Alexandre Lebis et Amable-Aimé Provost, lieutenants ; Jean-Auguste-François Godard, capitaine ; Joseph-Antoine Viallevielhe, Henri Caron, Pierre-Charles Limozin, adjudants-sous-officiers ; Jean-Joseph Julien, sergent-major, du crime de complicité dont ils étaient accusés ;

2° A la majorité suffisante de cinq voix contre quatre, le sieur Georges Rouff, capitaine, du crime de complicité dont il était accusé.

En exécution de la loi du 13 brumaire an v, les acquittés ci-devant nommés seront mis à la disposition de Son Exc. le ministre de la guerre [1].

Ordonne en outre que le présent jugement sera imprimé au nombre de deux mille exemplaires en placards ;

Enjoint à M. le rapporteur de donner lecture du présent aux condamnés ; et de le faire exécuter dans tout son contenu dans les vingt-quatre heures.

Après le prononcé du jugement, le président a fait amener dans le lieu des séances de la Commission ceux des accusés qui étaient décorés de la Légion d'honneur et leur a dit, conformément à la loi :

Accusé Malet, accusé Rabbe, accusé Soulier, accusé Piquerel, accusé Borderieux, accusé Lefèvre, vous avez manqué à l'honneur ; je déclare, au nom de la Légion d'honneur, que vous avez cessé d'en être membres.

Les six condamnés ont écouté en silence, et le colonel Rabbe a donné les marques d'un violent désespoir.

Cette sentence de dégradation leur indiquait assez qu'ils devaient se préparer à la mort. Le greffier vint dans la prison leur lire l'arrêt qui les frappait.

---

1. Ainsi, ces hommes sont *acquittés*, et ils sont *mis à la disposition* du ministre de la guerre! Ils furent détenus dans les prisons d'État jusqu'en 1814. — (P. G.)

L'EXÉCUTION.

———

Malet accueillit avec indifférence la lecture de l'arrêt : le sacrifice de sa vie était fait d'avance. Ses compagnons d'infortune, à l'exception de Lahory, manifestèrent des sentiments bien différents.

Toutefois, la trahison leur offrait un refuge : l'exécution était fixée à quatre heures du soir; pendant plusieurs heures on essaya de leur arracher le secret de la conspiration. Soit qu'ils l'ignorassent, soit qu'ils eussent honte de racheter leur vie par une perfidie, tous restèrent muets et se disposèrent à mourir.

Rabbe et Rateau obtinrent seuls un sursis accordé aux larmes de leurs familles ou à la protection de leurs amis [1].

« Le jeudi 29 octobre 1812, dans l'après-midi [2], par une pluie fine et glaciale, on vit arriver successivement sur la place de l'Abbaye, et se ranger en bataille devant la porte de la prison, un fort détachement de gendarmerie à pied et à cheval, et bientôt après un demi-escadron de dragons. Tandis que des vedettes étaient placées aux débouchés de la place pour empêcher les voitures de circuler dans cette direction, d'autres étaient occupées à refouler le peuple, qui commençait à se porter en masse sur ce point, dans l'espérance d'apercevoir les condamnés. A trois heures moins un quart, sept fia-

—

1. La peine encourue par Rabbe fut commuée en une prison perpétuelle, d'où le tira la déchéance de Napoléon.
2. *Souvenirs intimes du temps de l'Empire*, par E. Marco Saint-Hilaire.

cres, à la file les uns des autres, vinrent stationner devant le péristyle de la prison, que les gendarmes masquèrent aussitôt en formant un demi-cercle autour des voitures.

« Le capitaine Delon et l'adjudant Laborde, qui étaient dans le premier fiacre, descendirent et pénétrèrent dans la prison avec un piquet de gendarmes commandé par un officier. Un quart d'heure après, le capitaine Delon et Laborde remontèrent dans leur fiacre, qui se dirigea rapidement vers la plaine de Grenelle. Quelques minutes s'étaient à peine écoulées que les prisonniers sortirent de la prison, accompagnés chacun d'un gendarme qui les tenait par-dessous le bras. Ils montèrent deux par deux dans les fiacres, dont ils occupèrent les places du fond; deux gendarmes se mirent sur le devant.

« A la vue des condamnés, le silence le plus profond succéda au brouhaha qui régnait sur la place, et le triste cortége se mit en route pour le lieu de l'exécution entre une double haie de dragons; un piquet de gendarmerie ouvrait et fermait la marche. Il passa par la rue Sainte-Marguerite, la place Taranne, la rue de Grenelle-Saint-Germain, jusqu'aux Invalides, puis, suivant l'avenue de Lamotte-Piquet, il longea l'École militaire et traversa le Champ de Mars. Si la plupart des condamnés montrèrent une grande fermeté pendant le trajet, le malheureux Soulier fit entendre des plaintes et des gémissements qui durent briser le cœur de ceux mêmes qu'on avait chargés de le conduire à la mort.

« Ma pauvre femme, disait-il, que va-t-elle devenir? et « mes enfants? » Et il se couvrait le visage de ses mains pour tâcher d'étouffer ses sanglots.

« Boccheiampe récitait des prières à voix basse, ou se plaignait qu'on ne lui eût pas permis de faire appeler un prêtre. Piquerel, qui était dans la même voiture que lui, mettait de temps en temps la tête à la portière pour crier au peuple qu'il était innocent, et qu'il ne savait pas pourquoi on le sacrifiait. Borderieux criait *Vive l'Empereur !* Guidal, placé à côté du lieutenant Regnier, s'exhalait en vociférations contre Bonaparte, contre ceux qui l'avaient arrêté et contre les membres de la commission militaire.

« Malet, placé dans le premier fiacre avec Lahory, conserva un calme et une fermeté remarquables :

« Général, lui avait-il dit en sortant de prison, c'est votre « indécision qui nous a mis ici. »

« Au coin de la rue de Grenelle, il remarqua des étudiants

qui regardaient passer le funèbre cortége d'un air profondément ému :

« Jeunes gens, souvenez-vous du 23 octobre, » leur dit-il en les saluant de la main.

« Citoyens, s'écria-t-il en passant devant l'École militaire, « je tombe, mais je ne suis pas le dernier des Romains. »

« Pendant ce temps, on avait développé à la plaine de Grenelle un grand appareil militaire : chacun des corps en garnison à Paris y avait envoyé un fort détachement ; la garde soldée et la 10ᵉ cohorte y étaient rassemblées tout entières, mais sans armes[1]. Celles des compagnies dont les officiers allaient être fusillés avaient l'habit retourné. Ces troupes formaient les trois côtés d'un carré : le quatrième, resté vide pour donner passage aux balles, était fermé par le mur d'enceinte du boulevard extérieur de l'École militaire.

« Au milieu de ce carré, on voyait deux pelotons de vétérans. Le premier composé de 120 hommes, et le second de 30 seulement (peloton de réserve), devaient exécuter le jugement. A droite, dans l'encoignure formée par le bâtiment de la barrière, on voyait quatre mauvaises charrettes, attelées chacune d'un cheval presque étique, et destinées à emporter les corps des suppliciés. Elles étaient conduites par des infirmiers du Val-de-Grâce, vêtus de vestes grises à collet bleu : ces hommes devaient procéder à l'inhumation. A gauche, dans l'angle opposé, formé par le mur et la ligne de soldats qui fermait le carré, un groupe de chirurgiens militaires et d'officiers supérieurs, à qui leur grade leur permettait de se tenir à cette place. Toutes les fenêtres des maisons et des guinguettes qui bordent la chaussée opposée du boulevard étaient encombrées de spectateurs. Çà et là on remarquait quelques-unes de ces femmes du monde qui, dans leur avidité d'émotions fortes, louent une bonne place pour bien voir supplicier des malheureux. Les arbres des allées, dégarnis de feuilles, étaient chargés d'ouvriers et d'enfants.

« A peine l'horloge de l'École militaire avait-elle achevé de sonner quatre heures, qu'un long murmure parti de la foule annonça l'arrivée des condamnés. Ce murmure fut bientôt suivi des cris : « Les voilà ! les voilà ! A bas les chapeaux ! »

---

1. Ce simple détail suffirait à montrer combien le mouvement avait été général. Les commandants de la force armée n'étaient pas sûrs qu'elle ne tenterait pas, au dernier moment, l'enlèvement de Malet et de ses infortunés compagnons. (P. G.)

mêlés aux plaintes de ceux qui se trouvaient trop serrés et aux juremenls des soldats qui formaient, à vingt pas du carré, un cordon pour contenir les spectateurs. En même temps, on vit déboucher de la barrière dite de Grenelle un piquet de gendarmes arrivant au grand trot, le sabre nu, et précédant la file des fiacres où se trouvaient les condamnés.

« Lorsque les voitures eurent pénétré dans le carré elles s'arrêtèrent. Les adjudants de place et des gendarmes étaient allés à leur rencontre. Les condamnés descendirent de voiture, quelques spectateurs firent tout haut la remarque qu'aucun d'eux n'était, selon l'usage, assisté d'un prêtre.

« Sur un signe de l'officier de gendarmerie qui devait présider à l'exécution, les tambours battirent au champ jusqu'à ce que les condamnés fussent arrivés au centre du carré. Tous, la tête découverte, marchèrent d'un pas ferme : Malet le premier, ayant la tête haute et le regard fier ; Lahory le second, Guidal le troisième, Boccheiampe était le dernier. En passant devant un des hommes qui avaient concouru à son arrestation, Guidal s'arrêta :

« Te voilà, brigand ! lui dit-il avec un grincement de rage. Tiens, lâche que tu es ! »

Et il lui cracha au visage.

Celui-ci brandit son épée et poussa un cri de : Vive l'Empereur.

« Ton empereur ! dit alors Lahory avec une fureur amère, s'il avait été dans mon cœur, il y a longtemps que je me fusse poignardé !

— Ma pauvre famille ! mes pauvres enfants ! murmurait toujours Soulier d'une voix éteinte.

— Commandant, lui dit Malet en lui serrant énergiquement la main, la mienne en prendra soin.

— Monsieur le gendarme, dit Boccheiampe au soldat qui le tenait par le bras, j'avais demandé un confesseur !

— Que vous dit cet homme ? demanda un officier en s'avançant vers le gendarme.

— Capitaine, il réclame un confesseur.

« Il réclamera demain ; aucun de vous ne doit répondre aux condamnés. »

« Ils sont bien jeunes » avait dit Malet en regardant les conscrits qui formaient le carré, « trop jeunes, » avait-il répété ; puis, arrivé en face du peloton des vétérans qui étaient chargés de l'exécuter : « Ceux-là, ils sont bien vieux, » répéta-t-il de même.

« Les condamnés s'étant arrêtés, on les plaça sur un seul rang, adossés au mur, et dans l'ordre suivant : Malet au milieu ; à ses côtés, Lahory et Guidal ; Soulier et Boccheiampe étaient les derniers. On devait faire feu sur eux en même temps.

« Alors l'officier de gendarmerie fit battre un ban, puis le capitaine rapporteur s'approcha et lut à haute voix le jugement de la commission militaire.

« Misérable ! s'écria Guidal en s'adressant à lui, les trois « quarts de ceux que tu as fait condamner sont innocents, tu « le sais bien ! »

« Pendant la lecture de ce jugement, Boccheiampe s'était mis à genoux (ce fut le seul), et le piquet d'exécution s'était avancé.

« Quelqu'un d'entre vous pourrait-il me faire l'amitié de « me dire pourquoi on me fusille ? » demanda tranquillement Piquerel, en s'adressant aux vétérans.

« Silence dans les rangs ! » s'écria Malet d'une voix forte. « Ici c'est à moi de parler, » ajouta-t-il ; et faisant un pas en avant : « Monsieur l'officier de gendarmerie, ajouta-t-il, en ma qualité de général et comme chef de ceux qui vont mourir ici pour moi, je demande à commander le feu. »

Puis se replaçant au niveau de ses compagnons :

« Peloton, attention ! s'écria-t-il d'une voix pleine et sonore : Portez.... armes ! apprêtez.... armes !... Cela ne vaut rien ; nous allons recommencer. L'arme au bras tout le monde ! »

Quelques vétérans tressaillirent, les armes vacillèrent. Malet reprit aussitôt :

« Attention cette fois ! Portez.... armes ! Apprêtez.... armes !... A la bonne heure ! C'est bien ! Joue.... feu ! »

Et 120 balles criblèrent à bout portant ces malheureux, qui tombèrent tous, excepté Malet. Celui-ci resta debout et ferme sur les jarrets, porta les mains à sa poitrine, car il n'était que blessé, et reculant jusqu'au mur sur lequel il s'adossa :

« Et moi donc, mes amis ! s'écria-t-il, vous m'avez oublié ! »

Borderieux n'était pas mort non plus sur le coup. Il essaya de se relever en râlant son cri de *vive l'Empereur !*

« Va, pauvre soldat, lui dit ironiquement Malet, ton empereur a reçu comme toi le coup mortel ! »

Et tout ruisselant de sang il fit encore un pas en avant, et il cria :

« A moi, le peloton de réserve !

« En avant la réserve ! » commanda l'officier de gendarmerie.

A cette seconde décharge, Malet tomba la face contre terre, en criant : *Vive la liberté !*

L'officier de gendarmerie, avec un zèle ignoble pour son maître, fit percer de coups de baïonnettes le cadavre du vaincu. Les murmures de la troupe protestèrent contre cette lâche atrocité [1].

Cette sanglante exécution enfin terminée, les chirurgiens examinèrent les cadavres, puis, sur un signe de l'un d'eux, les trois charrettes furent amenées sur le terrain, qui ressemblait à un champ de bataille.

Les infirmiers prirent les corps des suppliciés et les placèrent sur les charrettes, qui furent aussitôt entourées de gendarmes ; après quoi, suivant le boulevard extérieur qui conduit au cimetière Clamart, elles cheminèrent lentement en laissant sur leur passage une traînée de sang qui coulait à travers la paille dont on les avait garnies.

Mme Malet eut la douleur de survivre à son mari. Arrachée brusquement de son domicile par la police, elle fut détenue plus d'un an dans un affreux cabanon des Madelonnettes, parmi les filles de mauvaise vie. Cet emprisonnement fut un secret absolu, le lieu même de sa reclusion était ignoré de son fils, dont une honorable famille de Flandre voulut bien se charger. On se fera une idée de la fureur des ennemis du général Malet, quand on saura que sa veuve manqua des objets les plus indispensables, et qu'elle ne put obtenir des vêtements de deuil que lorsque son unique robe fut tombée en lambeaux. On la tenta vainement, dans les interrogatoires, en lui promettant son élargissement en échange d'éclaircissements qu'elle ne pouvait donner.

Elle souffrit patiemment ce martyre. Bonaparte, fidèle à son système de bascule et de largesses aussi déréglées que ses rigueurs, la fit mettre en liberté à son retour et voulut lui accorder une pension, et, pour son fils, une bourse à l'École militaire ; mais Mme Malet refusa ouvertement l'une et lautre de ces faveurs.

1. Dourille, *Notice sur la conspiration de Malet*

« J'aime mieux, disait-elle, travailler pour me suffire à moi-même, et laisser mon fils à la charge de ses amis, que d'avoir quelque obligation à l'assassin de mon mari. »

Au retour des Bourbons, des amis empressés, soutenus par le frère cadet du général, représentèrent Malet comme un « ami de la bonne cause. »

Louis XVIII accorda, en effet, une épaulette de sous-lieutenant de chasseurs à Aristide Malet, mais cette petite manœuvre n'eut pas un long succès; il y avait à la cour de ces hommes de tous les régimes qui éclairèrent le roi à cet égard, et le jeune officier n'obtint plus aucun avancement [1].

1. Un élève du lycée Charlemagne, nommé Lavigne, composa, le 15 janvier 1813, l'épitaphe suivante pour le général Malet :

Hic jacet infelix miserando carmine Malet
Flendus, cui si non favit fortuna, tyranni
Victima si periit, magnis tamen excidit ausis.

« Ici repose le malheureux Malet : si la fortune ne le favorisa point, et s'il périt victime du tyran, il n'en mérite pas moins qu'on le pleure en vers touchants, car il mourut pour avoir tenté une grande et audacieuse entreprise. » — Cet enfant, âgé de treize ans et demi, fut chassé du collége, et la police impériale persécuta sa famille.

ÉPILOGUE.

« Ce fut, dit M. de Ségur, à la hauteur de Mikalewka, et le 6 novembre, à l'instant où des nuées chargées de frimas crevaient sur nos têtes, qu'une estafette, la première qui depuis dix jours eût pu pénétrer jusqu'à nous, vint apporter la nouvelle de cette étrange conjuration.... L'Empereur apprenait à la fois leur crime et leur supplice.... Ceux qui, de loin, cherchèrent à lire sur ses traits ce qu'il devait penser, n'y virent rien. Mais, dès qu'il fut seul avec ses officiers les plus dévoués, ses émotions éclatèrent par des exclamations d'étonnement, d'humiliation et de colère. Quelques instants après, il fit venir plusieurs autres militaires, pour remarquer l'effet que produirait une aussi étrange nouvelle. Il vit une douleur inquiète et la confiance dans la stabilité de son gouvernement tout ébranlée.... La grande révolution de 89, que l'on croyait terminée, ne l'était pas[1]. »

Quelle action eût donc eue sur l'armée la réussite des combinaisons de Malet !

Bonaparte fut épouvanté de cette révélation ; il crut sentir son trône s'écrouler sous lui.

M. E. Marco Saint-Hilaire raconte ainsi ce qu'il fit, en rentrant précipitamment.

---

1. L'Empereur appela cette conspiration un malheur honteux, et quoiqu'il en fût profondément affecté, il n'en parlait qu'avec dédain ou avec une sombre gaieté. » — (Saulnier.)

« Napoléon[1] voulut consulter, comme toujours, son conseil d'État, auquel le comte Frochot appartenait de droit en sa qualité de préfet du département de la Seine. Toutes les sections furent convoquées pour le 22 décembre, et l'Empereur présida lui-même cette séance, qu'il ouvrit en disant, après avoir fait un long signe de croix :

« Messieurs il, faut croire désormais aux miracles. Vous allez entendre la rapport du comte Réal relativement à la conspiration du citoyen Malet. »

« Après que ce conseiller eut donné connaissance de ce rapport, dont la lecture dura plus d'une heure, Napoléon prit la parole sur ce sujet, et s'étendant avec amertume sur le défaut, en France, d'habitude et d'éducation en fait de stabilité, il s'écria :

« Triste reste de nos révolutions ! Au premier mot de ma mort, sur l'ordre d'un inconnu, des officiers mènent leurs régiments forcer les prisons, se saisir des premières autorités ! un concierge enferme les ministres sous ses guichets ! un préfet de la capitale, à la voix de quelques soldats, se prête à faire arranger sa salle d'apparat pour je ne sais quelle assemblée de factieux ! tandis qu'il y a là l'Impératrice et le roi de Rome ; et mes ministres, et tous les grands pouvoirs de l'État ! Un homme est-il donc tout ici? Les institutions, les serments ne sont-ils donc rien? Frochot est un honnête homme, il m'est dévoué, je le sais, mais son devoir était de se faire tuer sur les marches de l'hôtel de ville. Messieurs, il vous faut un grand exemple à tous les fonctionnaires. »

« Puis, comme le plus grand silence continuait de régner dans l'assemblée, il reprit :

« Oui, tout est organisé chez nous de telle façon qu'un caporal pourrait avec quelques hommes, dans un moment de crise, s'emparer du gouvernement. »

« Ces paroles étaient justes, l'expérience venait de le prouver. Napoléon seul était tout ; mais il l'avait voulu ainsi, puisque les institutions impériales étaient illusoires et qu'elles ne fonctionnaient que par lui. Comme on le voit, les conséquences du principe qui servait de base à l'empire commençaient à se développer à ce point qu'un souffle avait suffi pour ébranler cette création gigantesque.

« Quoi qu'il en soit, il fallait une victime, et Napoléon l'avait désignée : c'était Frochot, car Malet avait étrangement com-

1. *Souvenirs intimes du temps de l'Empire.*

promis cet honorable fonctionnaire impérial en le plaçant d'office parmi les membres de son gouvernement provisoire. En le dénonçant en plein conseil d'État, Napoléon appelait naturellement sur sa tête un jugement sévère. En vain celui-ci invoquait-il son dévouement passé et les pleurs qu'il avait versés en apprenant la mort de l'Empereur : on n'en tint compte, et Frochot fut traduit devant toutes les sections du conseil d'État réunies extraordinairement et de nuit, comme un jury de cour d'assises. Chacun des conseillers fut invité à donner individuellement son avis sur la conduite tenue par leur collègue dans la matinée du 23 octobre. Les paroles de Napoléon à la séance du conseil avaient donné le ton. Ce ton fut généralement imité.

« La section de législation, qui comptait cependant plusieurs régicides, déclara avec une véritable exaltation monarchique qu'il fallait destituer M. Frochot, parce qu'il avait méconnu l'hérédité et la sainteté de la couronne dans le prince impérial. La section de l'intérieur, composée d'hommes plus modérés, déclara que la faute de M. Frochot résultait d'une âme abattue et non d'un cœur infidèle. La section des finances, positive comme les chiffres, déclara la conduite de Frochot pusillanime.

« La section de la marine se contenta de dire qu'il avait manqué à ses devoirs. La section de la guerre, toujours inflexible, prononça son indignité de toutes fonctions publiques administratives. Toutes ces déclarations motivèrent un avis du conseil d'État, qui provoquait la destitution de M. Frochot. Sur le rapport que le comte de Montalivet, ministre de l'intérieur, adressa immédiatement à l'Empereur, celui-ci se décida à se priver des services de cet administrateur, et le 24 décembre on vit inséré dans le *Moniteur* le décret suivant :

« Napoléon, etc.,

« Sur le rapport de notre ministre de l'intérieur, nous avons décrété et décrétons ce qui suit :

« Art. 1er. Le comte Frochot est destitué de ses fonctions de conseiller d'État et de préfet du département de la Seine.

« Art. 2. Notre ministre de l'intérieur est chargé de l'exécution du présent décret.

« Au palais des Tuileries, le 23 décembre 1812.

« NAPOLÉON. »

« Frochot fut remplacé sur-le-champ par le comte de Chabrol, préfet de Savonne, qui se trouvait en congé à Paris, et
trois jours après, le dimanche 27 décembre, à la réception
du corps municipal de la ville, le nouveau préfet de la Seine
porta la parole et dit entre autres choses, en se présentant
devant le trône impérial :

« Eh ! qu'importe la vie, Sire, devant les immenses intérêts qui reposent sur la tête sacrée de l'héritier de l'empire ?
Pour moi, qu'un regard inattendu de Votre Majesté vient
d'appeler de si loin à tant de confiance, ce que je chéris le
plus de vos bienfaits, Sire, c'est l'honneur et le droit de
donner le premier l'exemple de ce noble dévouement. »

Il était réservé, comme d'habitude, à M. de Fontanes de
renchérir sur les adulations qui se produisirent au sujet de
cette affaire. Lorsque vint son tour de parler au nom du conseil de l'Université impériale :

« Sire, dit-il, le bon sens s'arrête avec respect devant le
mystère du pouvoir et de l'obéissance ; il s'abandonne à la
religion, qui a rendu le prince sacré en le faisant à l'image
de Dieu même. La nature ordonne en vain que les rois se
succèdent, le bon sens veut que la royauté soit immortelle ;
permettez donc, Sire, que l'Université détourne un moment
ses regards du trône que vous remplissez de tant de gloire,
pour les reporter vers cet auguste berceau où repose l'héritier de votre grandeur. Nous lui jurons d'avance un dévouement sans bornes, comme à vous-même. »

« Ces discours de MM. Chabrol et de Fontanes inspirèrent au Sénat la pensée d'appliquer immédiatement la régence dans le cas où l'Empereur se remettrait à la tête de ses
armées, ce qui était hors de tout doute. Avec la régence,
l'hérédité était assurée. Et puis, cette idée semblait être essentiellement monarchique ; c'était, disait-on, un principe
fondamental ; et, sur une proposition expresse du Sénat, le
roi de Rome dut être couronné à Notre-Dame. Napoléon se
complut à cette idée ; déjà même les maîtres des cérémonies
s'occupaient des préparatifs de cette grande solennité, lorsque les événements de la guerre vinrent en retarder l'exécution.

« On sait comment, deux ans plus tard, ce même Sénat, si
adulateur, proclama la déchéance de Napoléon ; on sait que
cette pensée fut celle de l'abbé Grégoire, qui s'entendit avec
M. Lambrecht pour la rédaction des considérants de cette
pièce, lue par ce dernier dans la séance du 2 avril 1814 ; mais

ce qu'on ne sait pas, c'est que ces mêmes considérants furent calqués sur ceux mêmes que l'abbé Lafon et Malet avaient formulés deux ans auparavant pour proclamer, eux aussi, l'abolition de l'Empire.

« Ainsi, chose étrange et qui doit inspirer de bien sérieuses réflexions sur les vicissitudes des choses de ce monde, la pensée de Malet, la pensée du conspirateur, fut réalisée plus tard par un prêtre et un ancien républicain, tous deux membres de ce Sénat qui avait donné à l'Empire tant de gages d'une aveugle soumission. »

Le Sénat fut bientôt obligé lui aussi de parler de cette affaire. Entre autres platitudes, il faut citer celle-ci :

« L'absence de Votre Majesté, Sire, est toujours une calamité nationale....

« Pendant que Votre Majesté Impériale et Royale était à la tête de ses armées victorieuses[1], des hommes échappés des prisons, où votre clémence impériale les avait soustraits à la mort[2] méritée par leurs crimes passés, ont voulu troubler l'ordre dans cette grande cité. Ils ont porté la peine de leurs nouveaux attentats....

« Heureuse la France, Sire, que la constitution monarchique met à l'abri des funestes effets des discordes civiles, des haines sanglantes que les partis enfantent, et des désordres horribles que les révolutions entraînent !

« Le Sénat, premier conseil de l'Empereur, et dont l'autorité n'existe que lorsque le monarque la réclame et la met en mouvement, est établi pour la conservation de cette monarchie et de l'hérédité de votre trône dans notre *quatrième dynastie*.

« La France et la postérité le trouveront, dans toutes les circonstances, fidèle à ce devoir sacré, et tous ses membres seront toujours prêts à périr pour la défense de ce *palladium* de la sûreté et de la prospérité nationale.... »

Bonaparte répondit :

« .... C'est à l'idéologie de ces hommes de sang qui ont

---

1. *Victorieuses !* quand trois cent mille cadavres français fumaient les plaines de la Russie et de la Saxe ! — (P. G.)
2. Malet était en prison *préventive* et sans jugement. — (P. G.)

proclamé le principe d'insurrection comme un devoir, *et qui ont adulé le peuple en le proclamant à une souveraineté, qu'il est incapable d'exercer,* qu'on doit attribuer les malheurs qu'a éprouvés notre belle France. »

Tels étaient les oracles du grand homme qui, sans la souveraineté du peuple, fût resté dans l'oubli. En sortant de la séance du Sénat, Bonaparte convoqua son conseil des ministres et ses grands dignitaires. Furieux et frappant du pied, il les apostropha en ces termes :

« .... Eh ! quoi, c'est un prisonnier d'État, homme obscur, qui s'échappe pour emprisonner à son tour le préfet, le ministre même de la police, ces gardiens de cachots, ces flaireurs de conspirations, lesquels se laissent moutonnement garrotter. Eh ! bien, Messieurs, ajouta-t-il, vous prétendez et vous dites avoir fini votre révolution ! Vous me croyiez mort, dites-vous ; je n'ai rien à dire à cela... Mais le roi de Rome ! vos serments, vos doctrines !... vous me faites frémir pour l'avenir.... »

Bonaparte oubliait qu'il avait donné lui-même l'exemple de la trahison. Dans une république, il eût été condamné à mort pour sa campagne de Russie. Il reprochait à ces hommes de manquer à leurs serments ! Mais qui donc les avait plus trahis que lui en foulant aux pieds cette liberté qui l'avait tiré du néant? Général, Bonaparte avait des amis, des soutiens dans le patriotisme français; empereur, il n'eut que des complices chamarrés, titrés, dotés, anoblis et conséquemment avilis et parjures[1].

Dans un État ainsi constitué, la révolte était logique. La conspiration Malet fut le commencement du châtiment.

---

1. Voici comment Fouché caractérise, dans ses *Mémoires*, les principaux fonctionnaires du temps : « Cambacérès, homme lâche et flétri, vrai sycophante; Savary, roide officier de gendarmerie, nul en politique ; Pasquier, excellent magistrat pour statuer sur les boues et les lanternes, pour régler la police des marchés, des jeux, des courtisanes, mais vide de sens et chargé de paroles; Hulin, épais, engourdi et gauche. » (Tome II, page 138.)

PIÈCES JUSTIFICATIVES

PIÈCES JUSTIFICATIVES.

On lit dans le *Moniteur universel* du 24 octobre 1812 :

Paris, le 23 octobre.

MINISTÈRE DE LA POLICE GÉNÉRALE.

Trois ex-généraux, Malet, Lahory et Guidal, ont trompé quelques gardes nationales, et les ont dirigées contre le ministre de la police générale, le préfet de police et le commandant de la place de Paris. Ils ont exercé des violences contre eux. Ils répandaient faussement le bruit de la mort de l'Empereur.

Ces ex-généraux sont arrêtés, ils sont convaincus d'imposture : il va en être fait justice.

Le calme le plus absolu règne à Paris ; il n'a été troublé que dans les trois hôtels où ces brigands se sont portés.

Le présent ordre sera publié et affiché à la diligence de M. le conseiller d'État, préfet de police.

Le ministre de la police générale.

Signé : le duc DE ROVIGO.

Paris, ce 23 octobre 1812.

PROCLAMATION DE MALET

LUE DANS LES DIVERS QUARTIERS ET AFFICHÉE DANS LES RUES
ET LES PLACES PUBLIQUES.

———

Le général de division commandant la force armée de Paris

et les troupes de la première division militaire.

« Citoyens et soldats !

« Bonaparte n'est plus ! le tyran est tombé sous les coups
des vengeurs de l'humanité ! grâces leur soient rendues ! ils
ont bien mérité de la patrie et du genre humain.

« Si nous avions à rougir d'avoir si longtemps supporté à
notre tête un étranger, un Corse, nous sommes trop fiers
pour y souffrir un enfant bâtard.

« Il est donc de notre devoir le plus sacré de seconder le
Sénat dans la généreuse résolution de nous affranchir de
toute tyrannie.

« Un sincère et ardent amour de la patrie nous inspirent
les moyens nécessaires pour opérer cette urgente et dernière
révolution. Mais c'est à votre courage, à votre parfaite union,
à votre confiance réciproques que nous devons nos glorieux
succès.

« Citoyens, dans cette journée à jamais mémorable, reprenez toute votre énergie, arrachez-vous à la honte d'un vil asservissement, l'honneur et l'intérêt se réunissent pour vous en faire la loi : c'est un régime qu'il faut renverser. C'est la liberté à reconquérir pour ne plus la laisser perdre.

« Terrassez tout ce qui oserait s'opposer à la volonté nationale ; protégez tout ce qui s'y soumettra.

« Soldats, les mêmes motifs doivent nous animer. Il en est encore un plus puissant pour vous, celui de ne plus prodiguer votre sang dans des guerres injustes, atroces, interminables, et contraires à l'indépendance nationale. Prouvez à la France et à l'Europe que vous n'êtes pas plus les soldats de Bonaparte que vous ne fûtes ceux de Robespierre[1]. Vous êtes et serez toujours les soldats de la patrie, qui saura vous restituer le juste avancement dû à vos services et dont vous êtes frustrés depuis si longtemps ?

« Légionnaires civils et militaires, on conserve votre institution : nous devons, n'en doutez pas, cette faveur insigne au serment que nous avons fait de défendre la liberté, l'égalité, et de combattre la féodalité de tous nos moyens. Tel est notre serment ; il doit être gravé dans nos cœurs. Comme un de vos commandants, je vous requiers de l'accomplir. Mais souvenez-vous qu'il n'y a de vraie liberté que celle qui est le fruit de la raison, des vertus, d'autre égalité que celle qui provient des lois.

« Toute idée ne serait qu'une folie qui finira toujours par rendre la tyrannie inévitable ; et il se trouverait encore des hommes assez lâches, assez pervers pour dire qu'elle est nécessaire.

« Travaillons tous de concert à la régénération publique. Pénétrons dans ce grand œuvre qui méritera à ceux qui y participeront la reconnaissance des contemporains, l'admiration de la postérité, et qui lavera la nation, aux yeux de l'Europe, des infamies commises par le tyran.

« Réunissons nos efforts pour obtenir une constitution, qui assure le bonheur des Français. Qu'elle soit basée sur la raison et sur la justice, et nous serons certains d'y parvenir.

« Mes braves camarades, le champ de la véritable gloire

---

1. On comprendra facilement que Malet avait ici à ménager les préjugés courants sur la Terreur, dont les réactionnaires royalistes, girondins et bonapartistes avaient chargé la mémoire du plus vertueux des hommes.

est ouvert, de celle qui vous fera estimer, chérir de vos concitoyens; de celle qui vous vaudra de justes récompenses nationales. Saisissez une si belle occasion pour vous montrer
dignes du nom français; mourons s'il le faut, pour la patrie
et la liberté, et rallions-nous toujours au cri de vive la
nation !

« Signé : MALET. »

SÉNATUS-CONSULTE.

SÉNAT CONSERVATEUR.

Séance du 22 octobre 1812.

« La séance s'est ouverte à huit heures du soir, sous la présidence du sénateur Sieyès.

« Le Sénat, réuni extraordinairement, s'est fait donner lecture du message qui lui annonce la mort de l'empereur Napoléon, qui a eu lieu sous les murs de Moscou, le 7 de ce mois.

« Le Sénat, après avoir mûrement délibéré sur un événement aussi inattendu, a nommé une Commission pour aviser, séance tenante, aux moyens de sauver la patrie des dangers imminents qui la menacent ; et, après avoir entendu le rapport de sa Commission,

« A décrété ce qui suit :

« Art. 1er. Le gouvernement impérial n'ayant pas rempli l'espoir de ceux qui en attendaient la paix et le bonheur des Français, ce gouvernement et ses institutions sont abolis.

« Art. 2. Ceux des grands dignitaires, civils et militaires, qui voudraient user de leurs pouvoirs ou de leurs titres pour entraver la régénération publique, sont mis hors la loi.

« Art. 3. La Légion d'honneur est conservée ; les croix et les grands cordons supprimés. Les légionnaires ne porteront que le cordon, en attendant que le gouvernement ait déterminé un mode de récompense nationale.

« Art. 4. Il est établi un gouvernement provisoire, composé de quinze membres dont les noms suivent :

« MM. le général Moreau, président ; Carnot, ex-ministre, vice-président ; le général Augereau ; Bigonet, ex-législateur ; Destutt-Tracy, sénateur ; Florent Guyot, ex-législateur ; Frochot, préfet du département de la Seine ; Jacquemont, ex-tribun ; Lambrecht, sénateur ; Montmorency (Mathieu) ; Malet, général ; Noailles (Alexis) ; Truguet, vice-amiral ; Volney, sénateur ; Garat, sénateur.

« Art. 5. Ce gouvernement est chargé de veiller à la sûreté intérieure et extérieure de l'État ; de traiter immédiatement de la paix avec les puissances belligérantes ; de faire cesser les malheurs de l'Espagne ; de rendre à leur indépendance les peuples de Hollande et d'Italie.

« Art. 6. Il fera présenter, le plus tôt possible, un projet de constitution à l'acceptation du peuple français réuni en assemblées primaires.

« Art. 7. Il sera envoyé une députation à Sa Sainteté le pape Pie VII, pour le supplier, au nom de la nation, d'oublier les maux qu'il a soufferts, et pour l'inviter de venir à Paris avant de retourner à Rome.

« Art. 8. Les ministres cesseront leurs fonctions, et ils remettront leurs portefeuilles à leurs secrétaires généraux. Tout acte subséquent de leur part les mettrait hors la loi.

« Art. 9. Les fonctionnaires publics, civils, judiciaires et militaires continueront leurs fonctions ; mais tout acte qui tendrait à entraver la nouvelle organisation les mettrait hors la loi.

« Art. 10. Les décrets sur les bans de la garde nationale sont rapportés : ceux qui ont été appelés aux armées d'après ces lois sont autorisés à rentrer dans leurs foyers.

« Art. 11. La garde nationale sera sur-le-champ organisée dans tous les départements par municipalités, et conformément aux anciennes lois sur ce sujet.

« Art. 12. Les militaires de tous grades composant la

garde impériale, la garde de Paris, et les troupes qui s'y trouvent actuellement en garnison, formeront la garde du gouvernement : le congé absolu sera donné à ceux qui le demanderont.

« Art. 13. Il est accordé une amnistie générale pour tous les délits provenant d'opinions politiques et délits militaires, même de désertion à l'étranger : tout émigré, déporté ou déserteur qui voudra rentrer en France d'après cette disposition, sera seulement tenu de se présenter à la première municipalité frontière, pour y faire sa déclaration, et recevoir un passe-port pour le lieu qu'il désignera.

« Art. 14. La mise hors la loi, outre les peines corporelles, entraîne la confiscation des propriétés.

« Art. 15. La liberté de la presse est rétablie, sauf la responsabilité.

« Art. 16. Le général Lecourbe est nommé commandant en chef de l'armée centrale, qui sera assemblée sous Paris, au nombre de cinquante mille hommes.

« Art. 17. Le général Malet remplace le général Hulin dans le commandement de la place de Paris, ainsi que la première division militaire. Il pourra nommer les officiers généraux et l'état-major qu'il croira nécessaires pour le seconder.

« Il est particulièrement chargé de faire réunir les membres du gouvernement provisoire, de les installer, de veiller à leur sûreté, de prendre toutes les mesures de police qui lui paraîtront urgentes, et d'organiser leur garde.

« Il est autorisé à donner des gratifications à ceux des citoyens et des militaires qui le seconderont, et qui se distingueront dans cette importante circonstance, par leur dévouement à la patrie.

« Il est, à cet effet, mis à sa disposition une somme de quatre millions, à prendre sur la caisse d'amortissement.

« Art. 18. Il sera fait une adresse au peuple français et aux armées, pour leur faire connaître les motifs qui ont déterminé le Sénat à changer le mode de gouvernement, à les rendre à leurs droits si souvent violés, et à les rappeler à leurs devoirs trop longtemps oubliés. Il se dévoue pour la patrie : il a l'assurance qu'il sera courageusement secondé par les citoyens et par les armées, pour rendre la nation à l'indépendance, à la liberté et au bonheur.

« Art. 19. Le présent sénatus-consulte sera proclamé sur-le-champ dans Paris, à la diligence du général Malet, et envoyé à tous les départements et aux armées par le gouvernement provisoire.

« Les président et secrétaires,

« Signé : SIEYÈS, *président*,

« LANJUINAIS, GRÉGOIRE, *secrétaires.*

« Certifié conforme à la minute restée entre mes mains,

« Le général de division commandant la force armée de Paris et les troupes de la première division militaire,

« Signé : MALET. »

PREMIÈRE DIVISION MILITAIRE.

PLACE DE PARIS.

Ordre du jour du 23 au 24 octobre 1812.

« Au nom du Sénat, les troupes sont prévenues que l'empereur Napoléon a trouvé la mort à Moscou le 7 de ce mois.

« Toutes les mesures ont été prises pour sauver les restes de l'armée.

« Le Sénat a saisi cette circonstance pour changer son gouvernement oppresseur, et qui ne pouvait qu'empirer sous l'influence d'un enfant. Il a établi un gouvernement provisoire, dont les membres doivent obtenir l'entière confiance des troupes. L'acte qui règle ce changement leur sera communiqué, dans les casernes, par des généraux, ou officiers de l'état-major, accompagnés d'un commissaire de police.

« Le général Hulin, par une conduite inconsidérée dans

une pareille circonstance, a perdu la confiance du Sénat; il
a été remplacé par le général Malet dans le commandement
des troupes de la place de Paris et de la première division
militaire. Ce dernier aura son quartier général à l'Hôtel de
ville.

« Le général de division Desnoyers est nommé chef de
l'état-major de cette division.

« L'adjudant-commandant Doucet est nommé général de
brigade, sous-chef de l'état-major.

« Le général de division Payle-Hardy est nommé commandant de l'artillerie; il prendra son quartier général au château de Vincennes.

« Le général Guidal prendra le commandement des troupes qui se réuniront au Luxembourg pour la garde du
Sénat.

« Le général Soulier, chef de la 10e cohorte, prendra le
commandement des troupes qui se trouveront réunies pour
la garde de l'Hôtel de ville.

« Les cohortes des gardes nationales devant être licenciées,
le général Chiner aura le commandement des dépôts d'infanterie légère de la division.

« Le général Rabbe aura le commandement des dépôts
d'infanterie de ligne.

« Tous les autres généraux actuellement employés dans
la division y continueront leurs services.

« Le général Lecourbe est nommé commandant en chef de
l'armée centrale qui va s'assembler sous Paris.

« Le général de division Lahory en sera chef de l'état-
major.

« Les officiers d'état-major de la place et de la première
division, ainsi que les officiers des troupes qui s'y trouvent,
seront susceptibles d'obtenir un grade supérieur à celui qu'ils
occupent actuellement, si le général Malet les en trouve dignes par leur conduite civique.

« Les sous-officiers jouiront de la même faveur.

« Lors du licenciement des cohortes, les officiers et sous-
officiers qui les commandent, et qui voudront continuer leur
service, seront attachés à l'état-major général, en attendant
qu'ils aient obtenu un emploi.

« Les troupes de toutes armes qui feront le service dans
Paris recevront, à dater de ce jour, une haute solde de vingt
sous par jour pour le fusilier; de vingt-cinq sous pour le caporal ou brigadier; de trente sous pour le sergent ou le ma-

7

réchal des logis. Les officiers auront doubles appointements.

« Les troupes se tiendront dans leurs casernes, prêtes à
marcher au premier ordre : s'il s'y présentait quelques ministres ou généraux non désignés dans le présent ordre, ils
encourraient la peine de la mise hors la loi indiquée dans
les articles 2 et 9 du Sénatus-Consulte en date d'hier.

« Les gardes ne seront point relevées : les vivres leur seront portés de la caserne.

« Les légionnaires ne porteront que le ruban, en attendant une nouvelle décoration.

« Le nouvel ordre des choses exigeant de la sagesse et de
la prévoyance du gouvernement provisoire qu'il s'assure
de quelques hommes dangereux et corrompus qui voudraient
se servir de leur influence pour contrarier sa marche, le général Malet invite les troupes qui seront employées à ce service à le faire avec ordre et modération, mais avec toute
l'énergie qu'exige une mesure commandée par la sûreté et
la tranquillité publique. C'est par une pareille conduite qu'il
jugera les officiers, sous-officiers et soldats dignes de l'avancement et des récompenses promises.

*(Ici l'empreinte d'un timbre
rond portant la lettre* L.)

« Le général de division, commandant en chef la force
armée de Paris et les troupes de la première division
militaire.

« Signé : MALET. »

« Le général de division, commandant en chef la force armée de Paris et les troupes de la première division militaire, à M. Doucet, général de brigade, sous-chef de l'état-major général.

« Au quartier général de l'Hôtel de ville, le 23 octobre 1812,
à 5 heures du matin.

« Monsieur le général,

« Vous avez été promu au grade de général de brigade. Cet avancement vous était dû autant par vos longs services que par la rare probité qui vous a toujours distingué dans le cours des orages révolutionnaires. Il faut espérer que celui-ci sera le dernier; pour cela, il faut l'union et le concours de tous les braves militaires : je compte sur vous.

« Je vous envoie ci-joint l'acte du Sénat qui annonce la mort de l'Empereur et l'abolition dn gouvernement impérial, l'ordre du jour que je donne à ce sujet, et qui indique les généraux qui vont être employés dans la division, et ma proclamation.

« Vous voudrez bien donner lecture de ces pièces aux officiers de l'état-major, ainsi qu'aux soldats de garde et d'ordonnance. Cette mesure est d'urgence pour prévenir tous les froissements qui pourraient être la suite de son ignorance.

« J'envoie un détachement pour s'assurer de la personne du général Hulin. Quoique cette mesure ne soit que de pure précaution, je n'ai pas cru devoir vous charger de surveiller l'exécution de cet ordre, soit par délicatesse, soit à causé des relations de service que vous avez eues avec ce général. J'attends seulement que vous n'entraverez pas l'exécution.

« Quant à M. Laborde, il est trop en exécration militaire pour qu'il soit prudent qu'il se fasse voir. Pour lui éviter tout désagrément, et peut-être quelque chose de pis, vous lui ordonnerez de suite les arrêts forcés, avec un factionnaire à sa porte. Je vais vous envoyer le général Desnoyers, désigné pour remplir les fonctions de chef d'état-major. Cette mesure n'est que momentanée, et vous reprendrez bientôt ces fonctions en chef.

« En attendant, vous préparerez les ordres ci-après indiqués :

« L'ordre à chacune des quatre cohortes n°s 1, 8, 9, 12, d'envoyer sur-le-champ chacune trois cents hommes au Luxembourg pour la garde du Sénat. Ils s'y trouveront sous les ordres du général de division Guidal. Le restant de ces quatre cohortes resteront sous les armes dans leurs casernes avec le commandant, pour attendre les ordres que je pourrai leur expédier.

« Vous ferez renforcer les gardes des barrières, depuis celle de Clichy jusqu'à celle des Bons-Hommes, et sur la gauche de la Seine, depuis la barrière de la Cunette jusqu'à celle de la Gare, c'est-à-dire, toutes les barrières de cette partie. J'ai fait occuper les autres par le régiment de la garde de Paris.

« Vous donnerez la consigne à toutes ces barrières de ne laisser sortir personne que les gens de la campagne qui apportent des comestibles, qu'il faut protéger. On laissera librement entrer, à l'exception des troupes armées, qui ne pourront le faire sans mon ordre. Vous enverrez des officiers d'état-major faire la ronde de toutes ces barrières pour voir si les ordres sont bien exécutés, et s'il ne se commet pas d'actes arbitraires.

« Mais, pour l'expédition de tous ces ordres, vous attendrez l'arrivée du général Desnoyers, qui apposera le cachet désigné, et qui donnera des cartes pour que vos ordonnances puissent circuler librement dans Paris, et que les officiers d'état-major soient reconnus ; car l'ordre est donné d'arrêter tous ceux qui ne seront pas munis de ce cachet, et vous le renouvellerez dans tous vos ordres.

« La dixième cohorte, le dépôt du 32e régiment et le régiment de Paris sont déjà employés, soit dans des postes de sûreté dans Paris, soit aux détachements qui ont exécuté l'ordre d'arrestation du préfet de police, du ministre de la police, du ministre de la guerre et de Cambacérès ; mesures nécessitées autant par la prudence que pour leur propre sûreté.

« Vous ne compterez donc pas sur ces troupes pour envoyer aux barrières.

« Vous donnerez l'ordre au régiment des dragons de Paris d'envoyer vingt-cinq hommes au Luxembourg pour la garde du Sénat, sous les ordres du général Guidal ; vingt-cinq à la maison de ville pour la garde du gouvernement provisoire ; dix à la préfecture de police pour les ordonnances. Il sera bon d'en mettre quelques-uns aux principales barrières, pour être averti promptement de ce qui pourrait y arriver.

« Dans les ordres, vous préviendrez tous ces détachements que les vivres leur seront fournis, et une bouteille de vin par homme, par les soins de leurs commandants. Vous préviendrez ceux-ci que je leur ferai des fonds extraordinaires pour subvenir à cette dépense.

« Aussitôt que vous aurez expédié tous ces ordres avec le général Desnoyers, vous viendrez me trouver à l'Hôtel de ville avec quelques officiers d'état-major pour y établir momentanément un bureau.

« Le général Desnoyers vous communiquera les instructions particulières qu'il aura à vous donner, et je le charge de vous remettre un bon de cent mille francs pour vos dépenses extraordinaires.

« Vous devez sentir, monsieur le général, l'importance de toutes les mesures que je vous indique. Je ne doute pas qu'elles ne soient prises avec toute la prudence et la célérité qu'elles exigent, et dont je vous crois très-capable.

« J'ai l'honneur de vous saluer.

« Signé : MALET.

« *P. S.* Vous donnerez l'ordre au second bataillon des vétérans, d'envoyer de suite deux compagnies à la place de Grève, pour la garde du gouvernement provisoire. »

Voici un rapport précieux pour l'histoire de la conspiration. Il émane d'un agent principal de la police du temps ; ce sbire s'adresse à Pasquier.

« Paris, le 4 novembre 1812.

« Monsieur le Préfet,

« Vous m'avez ordonné de vous faire un rapport particulier sur la conduite des militaires de la garde départementale pendant la matinée du 23 du mois dernier.

« La première troupe qui a cerné la préfecture, celle qui vous en a arraché, appartient à la dixième cohorte.

« A l'instant de son arrivée à la préfecture, Lahory s'est assuré du sergent qui commandait la garde, composée des soldats de la réserve, et lui remit une carte portant son timbre, en lui disant de ne laisser sortir ou entrer que les porteurs de pareilles cartes. De suite le sergent plaça des hommes de son poste aux diverses issues, et donna cette consigne qu'ils exécutèrent aussi sévèrement que les soldats de la dixième cohorte et ceux de la garde de Paris, commandés par le lieutenant Beaumont et qui remplacèrent ces derniers après votre enlèvement.

« Instances, menaces, rien ne put déterminer les soldats de la garde de Paris et ceux du poste de la préfecture à nous laisser sortir. Vingt fois les uns et les autres nous ont mis la baïonnette sur la poitrine, et donné de fortes bourrades pour nous faire reculer.

« Sans pouvoir personnellement indiquer aucun militaire de la garde de Paris et du poste de la préfecture, je puis affirmer, monsieur le Préfet, en avoir entendu *la majeure partie* tenir d'odieux propos sur la mort prétendue de l'Empereur, et ces malheureux *insultaient déjà à sa mémoire*.

« Le lieutenant Beaumont a menacé l'inspecteur général de lui passer son épée à travers du corps, parce qu'il lui faisait sentir tout l'odieux de sa conduite.

« Enfin, monsieur le Préfet, lorsque, rendu à la liberté, vous êtes revenu à la préfecture, que le lieutenant Beaumont a voulu vous faire arrêter de nouveau, les soldats qui vous poursuivaient jusque chez l'apothicaire Sillan, la baïonnette en avant, et qui même vous ont mis en joue, appartenaient à la garde de Paris et au poste de la préfecture. Vous savez qu'ils ont voulu, dans le premier moment, forcer le domicile du sieur Sillan ; pensant que vous y étiez, nous avons été assez heureux pour les en empêcher.

« Quand le colonel Rabbe et l'adjudant Laborde vinrent pour faire retirer le lieutenant Beaumont et sa troupe, à votre rentrée à la préfecture (vous étiez suivi d'un peuple nombreux [1]), l'air retentit des cris de : Vive l'Empereur ! Les soldats de la garde de Paris et de la garde départementale restèrent seuls muets, et ne prirent presque aucune part à la joie que chacun montrait, en apprenant l'arrestation des brigands Malet et Lahory.

« VEYRAT.

« Pour copie conforme,

[« Le ministre de la guerre,

« DUC DE FELTRE. »

---

1. Probablement les agents de police qui avaient fui au premier bruit.

COMMISSION MILITAIRE.

On lit dans le *Moniteur universel* du 30 octobre 1812.

Jugement qui condamne les nommés Malet, Lahory, Guidal, ex-généraux de brigade; Rabbe, colonel; Soulier, chef de bataillon; Steenhower, Borderieux et Piquerel, capitaines; Fessart, Lefèvre, Regnier et Beaumont, lieutenants; Rateau, caporal; et Boccheiampe, prisonnier d'État, à la peine de mort : le premier en réparation du crime contre la sûreté intérieure de l'État, par un attentat dont le but était de détruire le gouvernement et l'ordre de successibilité au trône, et d'exciter les citoyens ou habitants à s'armer contre l'autorité impériale; et les autres, de complicité avec ledit Malet.

Le même jugement acquitte les sieurs Gomont, Lebis, Provost, Godard, Viallevielhe, Caron, Limozin, Julien, Caumette et Rouff, du crime de complicité.

NAPOLÉON, par la grâce de Dieu et les Constitutions de l'Empire, empereur des Français, roi d'Italie, protecteur de la Confédération du Rhin, médiateur de la Confédération Suisse, à tous présents et à venir, salut.

La Commission militaire, séante à Paris, a rendu le jugement suivant :

De par l'Empereur et Roi.

Ce jourd'hui vingt-huitième jour du mois d'octobre mil huit cent douze.

La Commission militaire créée le 23 du présent mois, par

arrêté du Conseil des ministres, présidé par S. A. S. Mgr. le prince archi-chancelier de l'Empire, conformément aux ordres de S. M.; ladite Commission formée par Son Exc. le ministre de la guerre, et composée, conformément au décret impérial du 17 messidor an XII, de :

S. Exc. le comte Dejean, grand officier de l'Empire, grand aigle de la Légion d'honneur, premier inspecteur général du génie, président;

M. le général de brigade baron Deriot, commandant les dépôts de la garde impériale, l'un des commandants de la Légion d'honneur, et chevalier de la Couronne de fer, juge;

M. le général baron Henry, major de la gendarmerie d'élite de la garde impériale, officier de la Légion d'honneur, et chevalier de la Couronne de fer, juge;

M. Géneval, colonel de la 18e légion de gendarmerie impériale, officier de la Légion d'honneur, juge;

M. le colonel Moncey, premier aide de camp du premier inspecteur général de la gendarmerie impériale, officier de la Légion d'honneur, juge;

M. Thibault, major du 12e régiment d'infanterie légère, membre de la Légion d'honneur, juge;

M. Delon, capitaine adjoint à l'état-major de la 1re division militaire, pour remplir les fonctions de rapporteur;

Assistés de M. Boudin, greffier, nommé par le rapporteur.

Lesquels, aux termes des lois, ne sont parents ni alliés entre eux, ni des prévenus, aux degrés prohibés par la Constitution.

La Commission susdite, convoquée par S. Exc. le comte Dejean, président, s'est réunie dans la salle des séances du 1er conseil de guerre permanent de la 1re division militaire de Paris, à l'effet de juger les nommés :

Claude-François Malet, né le 28 juin 1754, à Dôle, département du Jura, militaire de profession, sans domicile fixe, ayant été aux armées, fils de feu Jean Marie (ancien capitaine de cavalerie) et de feu Gabrielle Febvre, actuellement général de brigade en retraite depuis son arrestation qui date de quatre ans et demi; l'un des commandants de la Légion d'honneur; taille de 1 mètre 72 centimètres, cheveux et sourcils châtains, front étroit, yeux roux, nez gros, bouche moyenne, menton rond, visage ovale, figure pleine, teint un peu jaune;

Victor-Claude-Alexandre Fanneau-Lahory, né le 6 jan-

vier 1766, à Gavron, département de la Mayenne, ex-général de brigade, fils de feu Charles-Julien et de Marie Lemeu-
nier-Dubignon, domicilié en la susdite commune ; taille de
1 mètre 69 centimètres, cheveux et sourcils châtains, front
haut, yeux roux, nez long, bouche grande, menton pointu,
visage ovale, marqué de petite vérole ;

Maximilien-Joseph Guidal, âgé de 47 ans, natif de Grasse,
département du Var, fils de feu Honoré et de feu Marie-
Marthe Monjins, domicilié à Marseille, ex-général de brigade, jouissant de sa réforme depuis environ dix ans ; taille
de 1 mètre 82 centimètres, cheveux et sourcils blonds, yeux
gris, nez effilé et mince, bouche moyenne, menton allongé,
figure longue et maigre ;

Gabriel Soulier, né le 2 décembre 1767, à Carcassonne,
département de l'Aude, fils de Pierre et de feu Cécile Ba-
raigne, le père domicilié à Carcassonne, actuellement chef de
bataillon, commandant la 10e cohorte des gardes nationales,
casernée à Paris, membre de la Légion d'honneur ;

Gomont, dit Saint-Charles (qui est son nom de baptême),
né le 27 mars 1768, à Metz, département de la Moselle, militaire de profession, domicilié à Paris actuellement, fils de
feu Jean et de feu Henriette Séguin, actuellement sous-
lieutenant à la 10e cohorte, 1re compagnie, casernée à Paris ;

Antoine Piquerel, né le 11 novembre 1771, à Neufmarché,
département de la Seine-Inférieure, fils de feu Guillaume-
Simon et de feu Marie-Anne Vigureux, domicilié, avant
son entrée au service, à Pontoise, département de Seine-et-
Oise, actuellement adjudant-major à la 10e cohorte, membre
de la Légion d'honneur.

Louis-Charles Fessart, né le 22 février 1769 à Méru, canton dudit lieu, département de l'Oise, fils de feu Jean-Char-
les et de Marie-Marthe Desmarest, domicilié à Méru, actuellement lieutenant à la 10e cohorte, 3e compagnie, caserné
à Paris ;

Louis-Joseph Lefèvre, né le 2 juin 1767 à Lille, département du Nord, militaire de profession, en retraite à Nogent-
le-Rotrou, département d'Eure-et-Loir, fils de Charles-Jo-
seph et de Gertrude Bernard, domicilié à Lille, actuellement
sous-lieutenant à la 10e cohorte, 2e compagnie, casernée à
Paris, membre de la Légion d'honneur ;

Nicolas-Josué Steenhower, né le 7 octobre 1763 à Am-
sterdam, département du Zuiderzée, fils de feu Meynard et
de feu Henriette Van-den-Bergh, officier en retraite, de-

meurant à Beauvais, département de l'Oise, et actuellement capitaine commandant la 1re compagnie de la 10e cohorte, casernée à Paris;

Louis - Marie Regnier, né le 5 avril 1778 à Château-Renard, arrondissement de Montargis, département du Loiret, fils de feu Louis-Étienne et de Jeanne Lavollée, demeurant à Château - Renard, sous-officier réformé par congé, et actuellement lieutenant de la 4e compagnie de la 10e cohorte, casernée à Paris;

Joachim-Alexis Lebis, né le 19 avril 1773 à Vimoutier, arrondissement d'Argentan, département de l'Orne, domicilié à Beauveais, fils de François-René et de feu Marie-Madelaine Saint-Blaise de Chosche, le père domicilié à Lizieux, actuellement lieutenant à la 10e cohorte, 2e compagnie, caserné à Paris;

Joseph-Louis Boccheiampe, né en mai 1770 à Oletta, département de la Corse, fils de feu Pierre, et de feu Ange-Marie Salicetti, propriétaire, domicilié à Bastia, et depuis dix ans prisonnier d'État; depuis le mois de février dernier, détenu à la Force;

Pierre-Charles Limozin, né le 8 juin 1773 à Bourges, département du Cher, fils de feu Charles et de feu Marie Des moulins, actuellement adjudant-sous-officier au régimen d'infanterie de la garde de Paris, caserné aux Minimes, domicilié à Bourges avant d'entrer au service;

Jean-Charles-François Godard, né le 18 avril 1760 à Paris, département de la Seine, graveur en taille-douce, de profession, actuellement capitaine de première classe au 1er bataillon du régiment de la garde de Paris, infanterie, fils de feu Jean et de feu Élisabeth Sereau;

Hilaire Beaumont, né le 28 octobre 1773 à Poitiers, département de la Vienne, fils de feu Pierre et de feu Marie-Sébastienne Picard, lieutenant au régiment d'infanterie de la garde de Paris;

Jean-Joseph Julien, né le 4 avril 1783 à Farni-Fontaine, département des Forêts, y domicilié, et cultivateur avant d'entrer au service, fils de feu Gilles-François et de feu Jeanne-Catherine Protin, actuellement sergent-major au régiment d'infanterie de la garde de Paris, 2e compagnie du 2e bataillon;

Pierre Borderieux, né le 29 septembre 1771 à Rouanne, département du Rhône, et sous les drapeaux du 62e régiment, étant enfant de troupe, fils de feu Jean-Baptiste et de feu Marie-Louise Moutz, actuellement capitaine de grenadiers au régiment d'infanterie de la garde de Paris, membre de la Légion d'honneur ;

Jean-Henri Caron, né le 15 décembre 1773 à Paris, département de la Seine, fils de Jean-François et de Marie-Catherine Brillant, demeurant à Versailles, adjudant-sous-officier au régiment d'infanterie de la garde de Paris, 2ᵉ bataillon ;

George Rouff, né le 6 janvier 1764 à Boux-Weiller, département du Bas-Rhin, fils de feu Jacques et de feu Barbe...., capitaine au régiment d'infanterie de la garde de Paris, 1ʳᵉ compagnie du 2ᵉ bataillon, et commandant par intérim le bataillon ;

Jean-François Rabbe, né à Pesmes, département de la Haute-Saône, le 16 janvier 1757, fils de feu Jean-Baptiste et de feu Marguerite Gauthier, domicilié à Pesmes avant son entrée au service, fermier de profession, et actuellement colonel du régiment de la garde de Paris, infanterie, officier de la Légion d'honneur ;

Amable-Aimé Provost, né en juillet 1789 à Clermont, arrondissement dudit lieu, département de l'Oise, fils de Toussaint-Marie-Amable et de ..... Rose, domiciliés à Bresle, susdit département, actuellement lieutenant de la 1ʳᵉ compagnie de la 10ᵉ cohorte, casernée à Paris ;

Joseph-Antoine Viallevielhe, né le 27 décembre 1781, en la commune de Crest, arrondissement de Clermont-Ferrand, département du Puy-de-Dôme, fils de Jacques et de Gabrielle Chandeson, actuellement adjudant-sous-officier au régiment de la garde de Paris ;

Jean-Baptiste Caumette, né le 23 juillet 1784 à Paris, département de la Seine, fils de Jacques et de feu Marie-Françoise Flambart, et actuellement sergent-major au régiment d'infanterie de la garde de Paris, membre de la Légion d'honneur ;

Jean-Auguste Rateau, né le 12 mars 1784 à Bordeaux, département de la Gironde, distillateur, domicilié en la susdite ville avant d'entrer au service, fils de feu Pierre et de Marie Marthial, domicilié à Camiran, canton de la Réole, susdit département, actuellement caporal au régiment d'infanterie de la garde de Paris, 1ᵉʳ bataillon, 2ᵉ compagnie.

Accusés, savoir : l'ex-général de brigade Malet, de crime contre la sécurité intérieure de l'État, par attentat dont le but était de détruire le gouvernement et l'ordre de successibilité au trône, et d'exciter les citoyens ou habitants à s'armer contre l'autorité impériale ;

Et les nommés Lahory et Guidal, ex-généraux de brigade ; Soulier, chef de bataillon ; Steenhower, capitaine ; Piquerel, adjudant-major ; Fessard, Regnier, Lefèvre, Lebis, Provost, lieutenants ; Gomont, sous-lieutenant ; Rabbe, colonel ; Rouff, Borderieux et Godard, capitaines ; Beaumont, lieutenant ; Limozin, Caron et Viallevielhe, adjudants-sous-officiers ; Julien et Caumette, sergents-majors ; Rateau, caporal, et Boccheiampe, prisonnier d'État, accusés de complicité avec l'ex-général Malet.

La séance ayant été ouverte par S. Exc. M. le comte Dejean, président, et un exemplaire du décret impérial du 17 messidor an XII ayant été déposé sur le bureau, M. le juge rapporteur a, sur la demande de M. le président, donné lecture des pièces tant à charge qu'à décharge envers les accusés.

Cette lecture terminée, la séance a été suspendue à une heure après-midi, et a été reprise une heure après. S. Exc. M. le comte Dejean a ordonné à la garde d'amener les accusés, lesquels ont été introduits libres et sans fers devant la Commission.

Interrogés par M. le président, de leurs noms, prénoms et qualités,

Ils ont répondu se nommer, savoir :

Le premier, Claude-François Malet, général de brigade en retraite ;

Le second, Victor-Claude-Alexandre Fanneau-Lahory, ex-général de brigade ;

Le troisième, Maximilien-Joseph Guidal, ex-général de brigade ;

Le quatrième, Gabriel Soulier, chef de bataillon commandant la dixième cohorte des gardes nationales ;

Le cinquième, Antoine Piquerel, adjudant-major à la dixième cohorte des gardes nationales ;

Le sixième, Louis-Charles Fessart, lieutenant à la dixième cohorte des gardes nationales ;

Le septième, Gomont dit Saint-Charles, sous-lieutenant à la dixième cohorte des gardes nationales ;

Le huitième, Louis-Joseph Lefèvre, sous-lieutenant à la dixième cohorte des gardes nationales ;

Le neuvième, Louis-Marie Regnier, lieutenant à la dixième cohorte des gardes nationales ;

Le dixième, Nicolas-Josué Steenhower, capitaine à la dixième cohorte des gardes nationales ;

Le onzième, Joachim-Alexandre Lebis, lieutenant à la dixième cohorte des gardes nationales ;

Le douzième, Amable-Aimé Provost, lieutenant à la dixième cohorte des gardes nationales ;

Le treizième, Joseph-Louis Boccheiampe, Corse, prisonnier d'État, détenu à la Force ;

Le quatorzième, Jean-François Rabbe, colonel de la garde de Paris, infanterie ;

Le quinzième, Jean-Charles-François Godard, capitaine au premier bataillon du régiment de la garde de Paris, infanterie ;

Le seizième, Hilaire Beaumont, lieutenant au régiment de la garde de Paris, infanterie ;

Le dix-septième, Pierre Borderieux, capitaine de grenadiers au régiment de la garde de Paris, infanterie ;

Le dix-huitième, George Rouff, capitaine au deuxième bataillon du régiment de la garde de Paris, infanterie ;

Le dix-neuvième, Joseph-Antoine Viallevielhe, adjudant-sous-officier au régiment de la garde de Paris, infanterie ;

Le vingtième, Pierre-Charles Limozin, adjudant-sous-officier au régiment de la garde de Paris, infanterie ;

Le vingt et unième, Jean-Baptiste Caumette, sergent-major au régiment de la garde de Paris, infanterie ;

Le vingt-deuxième, Jean-Henri Caron, adjudant-sous-officier au deuxième bataillon du régiment de la garde de Paris, infanterie ;

Le vingt-troisième, Jean-Joseph Julien, sergent-major au deuxième bataillon du régiment de la garde de Paris, infanterie ;

Le vingt-quatrième et dernier, Jean-Auguste Rateau, caporal à la deuxième compagnie du premier bataillon du régiment de la garde de Paris, infanterie.

Après avoir donné connaissance aux accusés des faits à leur charge, leur avoir fait prêter interrogatoire par l'organe de Son Excellence M. le comte Dejean, président, leur avoir représenté les pièces écrites et matérielles du crime ; avoir également représenté à l'accusé Malet les pistolets et sabres produits au procès comme pièces de conviction ;

La Commission militaire, ouï M. le juge rapporteur dans son rapport et les accusés dans les moyens de défense, produits tant par eux-mêmes que par deux avocats[1] qui ont plaidé pour plusieurs desdits accusés, Son Excellence M. le comte Dejean, président, a demandé à MM. les juges s'ils avaient quelque observation à faire ; sur leur réponse négative, et avant d'aller aux opinions, M. le président a invité MM. les défenseurs et les personnes assistant à la séance à se retirer. Les accusés ont été reconduits par l'escorte à la prison, et le greffier s'est aussi retiré.

La Commission militaire délibérant à huis clos, Son Excellence le comte Dejean a posé les questions ainsi qu'il suit :

Le nommé Claude-François Malet, ci-devant qualifié, accusé de crime contre la sûreté intérieure de l'État, par un attentat dont le but était de détruire le gouvernement et l'ordre de successibilité au trône, et d'exciter les citoyens ou habitants à s'armer contre l'autorité impériale, est-il coupable ?

Le nommé Victor-Claude-Alexandre Fanneau-Lahory, ci-devant qualifié, accusé de complicité avec l'ex-général Malet, est-il coupable ?

Maximilien-Joseph Guidal, est-il coupable ?
Gabriel Soulier, est-il coupable ?
Jean-François Rabbe, est-il coupable ?
Pierre-Charles Limozin, est-il coupable ?
Pierre Borderieux, est-il coupable ?
Hilaire Beaumont, est-il coupable ?
Antoine Piquerel, est-il coupable ?
George Rouff, est-il coupable ?
Nicolas-Josué Steenhower, est-il coupable ?
Louis-Charles Fessart, est-il coupable ?
Louis-Marie Regnier, est-il coupable ?
Jean-Joseph Julien, est-il coupable ?
Joseph Lefèvre, est-il coupable ?
Jean-Charles-François Godard, est-il coupable ?
Jean-Baptiste Caumette, est-il coupable ?
Amable-Aimé Provost, est-il coupable ?
Joachim-Alexandre Lebis, est-il coupable ?
Gomont, dit Saint-Charles, est-il coupable ?
Joseph-Antoine Viallevielhe, est-il coupable ?

1. Le *Moniteur* compte Malet comme un avocat : ses coaccusés ne pouvaient assurément en trouver un plus éloquent.

Jean-Henri Caron, est-il coupable ?

Jean-Auguste Rateau, est-il coupable ?

Joseph-Louis Boccheiampe, est-il coupable ?

Les voix recueillies sur chacune des questions, en commençant par le grade inférieur, S. Exc. M. le comte Dejean, président, ayant émis son opinion le dernier,

La Commission militaire déclare, à l'unanimité, l'ex-général Malet coupable de crime contre la sûreté intérieure de l'État, par un attentat dont le but était de détruire le gouvernement et l'ordre de successibilité au trône, et d'exciter les citoyens ou habitants à s'armer contre l'autorité impériale.

A l'unanimité, l'ex-général Lahory, coupable de complicité avec l'ex-général Malet ;

— l'ex-général Guidal, coupable de complicité ;

— le chef de bataillon Soulier, coupable de complicité ;

A la majorité de six voix contre une, le colonel Rabbe, coupable de complicité ;

A l'unanimité, le sieur Limozin, non coupable de complicité ;

— — Borderieux, capitaine, coupable de complicité ;

— — Beaumont, lieutenant, coupable de complicité ;

— — Piquerel, adjudant-major, coupable de complicité.

A la majorité suffisante de trois voix contre quatre, le sieur Rouff, capitaine, non coupable de complicité.

A l'unanimité, le sieur Steenhower, capitaine, coupable de complicité ;

— — Fessart, lieutenant, coupable de complicité ;

— — Regnier, lieutenant, coupable de complicité ;

— — Julien, sergent-major, non coupable de complicité ;

— — Lefèvre, lieutenant, coupable de complicité ;

A la majorité, le sieur Godard, capitaine, non coupable de complicité ;

— — Caumette, sergent-major, non coupable de complicité ;

— — Provost, lieutenant, non coupable de complicité ;

— — Lebis, lieutenant, non coupable de complicité ;

— — Gomont, dit St-Charles, sous-lieutenant, non coupable de complicité ;

— — Viallevielhe, adjudant-sous-officier, non coupable de complicité ;

— — Caron, adjudant-sous-officier, non coupable de complicité ;

— — Rateau, caporal, coupable de complicité.

A la majorité de cinq voix contre deux, le sieur Boccheiampe, prisonnier d'État, coupable de complicité ;

Les voix recueillies de nouveau, dans la forme ci-avant indiquée,

La Commission militaire condamne, savoir :

1° A l'unanimité, le nommé Claude-François Malet, ex-général de brigade, en réparation du crime contre la sûreté intérieure de l'État, par un attentat dont le but était de détruire le gouvernement et l'ordre de successibilité au trône, et d'exciter les citoyens ou habitants à s'armer contre l'autorité impériale, à la peine de mort et à la confiscation de ses biens ;

2° A l'unanimité, les nommés Victor-Claude-Alexandre Fanneau-Lahory et Maximilien-Joseph Guidal, ex-généraux de brigade ; Gabriel Soulier, chef de bataillon ; Nicolas-Josué Steenhower, Pierre Borderieux, Antoine Piquerel, capitaines ; Antoine Fessart, Louis-Joseph Lefèvre, Louis-Marie Regnier, Hilaire Beaumont, lieutenants ; Jean-Auguste Rateau, caporal, en réparation du crime de complicité avec le nommé Malet, à la peine de mort, et à la confiscation de leurs biens ;

3° A la majorité de six voix contre une, le nommé Jean-François Rabbe, colonel, en réparation du crime de complicité avec le nommé Malet, à la peine de mort, et à la confiscation de ses biens ;

Et 4° A la majorité de cinq voix contre deux, le nommé Joseph-Louis Boccheiampe, prisonnier d'État, en réparation du crime de complicité avec ledit Malet, à la peine de mort, et à la confiscation de ses biens;

Lesdites peines prononcées contre les ci-avant nommés en conformité des articles 87 et 88 du Code pénal de 1810, lesdits articles ainsi conçus :

Article LXXXVII. « L'attentat ou le complot dont le but sera,

« Soit de détruire ou de changer le gouvernement ou l'ordre de successibilité au trône,

« Soit d'exciter les citoyens ou habitants à s'armer contre « l'autorité impériale,

« Seront punis de la même peine de mort et de la confiscation des biens. »

Art. LXXXVIII. « Il y a attentat, dès qu'un acte est commis ou commencé pour parvenir à l'exécution de ces crimes, quoiqu'ils n'aient pas été consommés. »

La Commission militaire décharge et acquitte :

1° A l'unanimité, les sieurs Gomont, dit Saint-Charles, sous-lieutenant; Joachim-Alexandre Lebis et Amable-Aimé Provost, lieutenants; Joseph-Antoine Viallevielhe, Jean-Henri Caron, Pierre-Charles Limozin, adjudants-sous-officiers; Jean-Joseph Julien et Jean-Baptiste Caumette, sergents-majors, du crime de complicité dont ils étaient prévenus; 2° à la majorité suffisante de trois voix contre quatre, le sieur Georges Rouff, capitaine, du crime de complicité dont il était prévenu, conformément à la loi du 13 brumaire an v.

La Commission militaire ordonne que les acquittés ci-avant nommés sont mis à la disposition de S. Exc. le ministre de la guerre;

Ordonne, en outre, que le présent jugement sera imprimé au nombre de deux mille exemplaires en placards, pour être affiché partout où besoin sera;

Enjoint à M. le juge rapporteur de lire le présent jugement aux condamnés et aux acquittés, et, au surplus, de le faire exécuter dans tout son contenu, et ce dans les vingt-quatre heures.

Ordonne encore que copie du présent sera adressée à

LL. Exc. les ministres de la guerre et de la police générale de l'Empire.

Fait, clos et jugé sans désemparer, en séance publique et permanente, à Paris, le vingt-neuf du susdit mois d'octobre, an que devant, et les membres de la Commission ont signé la minute du présent avec le greffier.

Signé à la minute :

THIBAULT, MONCEY, GÉNEVAL, HENRY, DERIOT, comte DEJEAN, président; DELON, juge rapporteur, et BOUDIN, greffier.

Collationné :

Le greffier,

L. P. M. BOUDIN.

Pour copie conforme :

Le président de la Commission,

Comte DEJEAN.

Le *Moniteur* ajoute :

« L'exécution de ce jugement a eu lieu aujourd'hui, à quatre heures, dans la plaine de Grenelle, en présence d'un concours très-nombreux de spectateurs.

« D'après les ordres de S. Exc. le grand juge, il a été sursis à l'exécution en ce qui concerne les condamnés Rabbe et Rateau. »

APPENDICES

HOMMAGE AU GÉNÉRAL MALET

PAR NÉPOMUCÈNE LEMERCIER.

L'aquilon qui portait les plaintes déchirantes
Des légions au loin sous la neige expirantes
Frappe, éveille un grand cœur, à l'ombre des prisons
Où l'avaient par avance inhumé tes soupçons.
Héroïque vengeur de ma chère patrie
Malet voit ton empire, et son âme aguerrie
Pense qu'il ne faut plus qu'un salutaire effort
Pour détruire un fantôme et proclamer ta mort.
Les cartes, qu'en un jeu sa main tenait la veille,
Font place à son épée; il sort.... et notre oreille
Entend un homme seul! O magnanimité!
Qui du bruit de ta chute emplit notre cité,
Et sans peur du concours de tes nombreux sicaires,
Abat tes défenseurs de ses mains téméraires.
La pitié le trahit, hélas!... et ce héros,
Martyr abandonné, tombe sous tes bourreaux!
A ce sublime élan qui sauvait tant de têtes,
Ose donc comparer le fruit de tes conquêtes!
Ce seul coup révéla que sur un frêle appui
S'asseyait ta grandeur, écroulée aujourd'hui;
Ce coup eût suspendu les luttes meurtrières;
Ce coup eût garanti l'honneur de nos frontières,
Ce coup eût au Sénat, dès lors conservateur,
Donné droit de proscrire un tyran déserteur;
Et nous n'eussions pas vu ses terreurs criminelles

Te dévouer encor des cohortes nouvelles.
Où languissait ce brave ? Au rang des malheureux
Dont le premier Brutus feignit le trouble affreux ;
Tandis que des Romains, durant un long silence,
Son cœur roulait en soi l'illustre délivrance ;
De même il méditait, sous un masque insolent.
Son audace était sage : oui, l'équitable histoire
Consacre une statue à sa longue mémoire,
Et publie, en songeant qu'éclata son renom
D'un séjour qu'habitait la morne déraison,
Qu'on doit chez la folie exiler la prudence
Lorsqu'au trône des rois on plaçait la démence.

LA NAPOLÉONE.

ODE

PAR CHARLES NODIER (1812).

Que le vulgaire s'humilie
Sur les parvis dorés du palais de Sylla,
    Au devant des chars de Julie,
Sous le spectre de Claude et de Caligula.
Ils régnèrent en dieux sur la foule tremblante.
    Leur domination sanglante
    Accabla le monde avili.
Mais les siècles vengeurs ont maudit leur mémoire,
Et ce n'est qu'en léguant des forfaits à l'histoire
    Que leur règne échappe à l'oubli.

    Qu'une foule pusillanime
Brûle aux pieds des tyrans son encens odieux.
    Exempt de la faveur du crime,
Je marche sans contrainte et ne crains que les dieux.
On ne me verra point mendier l'esclavage,
    Et payer d'un coupable hommage
    Une infâme célébrité.
Quand le peuple gémit sous sa chaîne nouvelle;
Je m'indigne d'un maître, et mon âme fidèle
    Respire encor la liberté.

8

.   .   .   .

Pourquoi détruis-tu ton ouvrage
Toi qui fixas l'honneur au pavillon français?
Le peuple adorait ton courage.
La liberté s'exile en pleurant tes succès.
D'un espoir trop altier ton âme s'est bercée.
Descends de ta pompe insensée,
Retourne parmi tes guerriers.
A force de grandeur, crois-tu devoir t'absoudre?
Crois-tu mettre ta tête à l'abri de la foudre
En la cachant sous des lauriers?

Quand ton ambitieux délire
Imprimait tant de honte à nos fronts abattus,
Dans le songe de ton empire,
Rêvais-tu quelquefois le poignard de Brutus?
Voyais-tu s'élever l'heure de la vengeance,
Qui vient dissiper ta puissance
Et les prestiges de ton sort?
La roche Tarpéienne est près du Capitole,
L'abime est près du trône et la palme d'Arcole
S'unit au cyprès de la mort.

En vain la crainte et la bassesse
D'un culte adulateur ont bercé ton orgueil.
Le tyran meurt, le charme cesse,
La vérité s'arrête au pied de son cercueil.
Debout dans l'avenir, la justice implacable
Évoque ta gloire coupable,
Veuve de ses illusions;
Les cris des opprimés tonnent sur la première,
Et ton nom est voué, par la nature entière,
A la haine des nations.

Longtemps, aux lois de la victoire,
Ton bras triomphateur a soumis le destin.
Le temps s'envole avec ta gloire,
Et dévore en fuyant ton règne d'un matin :
Hier j'ai vu le Cèdre. Il est courbé dans l'herbe.

Devant une idole superbe,
Le monde est las d'être enchaîné ;
Avant que tes égaux deviennent tes esclaves,
Il faut, Napoléon, que l'élite des braves
Monte à l'échafaud de Sidney.

LES PREMIÈRES HEURES

DE LA CONSPIRATION.

Voici les détails donnés par l'abbé Lafon sur les premières heures de la tentative de Malet.

« .... Le général fit sa partie avant le souper, comme à l'ordinaire, avec les gens de la maison de santé; il y parut très-gai et gagna constamment, ce qui prouve qu'il était parfaitement maître de lui.

« Il rentra dans sa chambre à neuf heures et demie, et là nous examinâmes de nouveau le *sénatus-consulte*, que nous devions supposer avoir été fait par le Sénat, et qui allait être lu aux troupes et aux ministres qu'on devait arrêter. Cette pièce, dont on a tant parlé, était conçue de manière à inspirer de la confiance aux uns et de la terreur aux autres....

« Les signatures apposées au bas de cet acte étaient parfaitement imitées, ainsi que le sceau du Sénat.

« Le général se trouvant ainsi revêtu des pouvoirs nécessaires pour commander la force armée, nous fîmes une proclamation qu'il serait trop long de rapporter en entier, dans laquelle, en apprenant au peuple et aux soldats la mort de Bonaparte, on leur annonçait la paix très-prochaine, le payement des traitements militaires arriérés, une haute paye et le renvoi de tous ceux qui voudraient rentrer dans leurs foyers.... On invitait le peuple à se tenir dans le plus grand calme jusqu'à l'installation du gouvernement provisoire.

« Cette proclamation fut placardée dans plusieurs quartiers de Paris et lue dans les casernes, où elle produisit le plus grand effet.

« L'instant étant arrivé, nous sortîmes [1] de la maison de santé sans être aperçus, et nous allâmes rue Saint-Gilles, chez un prêtre espagnol que Bonaparte avait gardé quatre années prisonnier à la Force. Là étaient les armes et les habits ; là devait se rendre l'infortuné Boutreux, qui est mort assassiné, victime de sa trop grande confiance [2].

« On devait sortir de cette maison pour aller à la caserne de la place Royale ; mais il plut : il fallut différer, et l'on soupa en attendant.

« Un des conjurés fit la remarque en soupant, sans cependant y ajouter beaucoup de foi, que la pluie et les soupers avaient presque toujours nui aux conspirations.

« N'importe, nous partîmes à deux heures. Un caporal (Rateau) accompagna comme aide de camp le général Malet, qui entra seul avec lui à la caserne des Minimes, et lut au commandant le *sénatus-consulte*, qui fut bien accueilli, puisqu'après l'examen des signatures, qui furent reconnues vraies, il fut livré environ 1200 hommes au général....

« La lecture de la *proclamation*, qui fut faite après ce premier succès, et qui le fut chaudement et avec énergie, produisit un tel effet, qu'il était difficile d'arrêter les soldats.... »

(*Histoire de la conspiration du général Malet*, par l'abbé Lafon.)

1. Cet euphémisme de l'abbé Lafon « nous sortîmes » doit être ainsi traduit : » Nous nous échappâmes en escaladant le mur du jardin. » (P.G.)
2. André Boutreux, d'Angers, bachelier en droit, fut arrêté à Courcelles, près Paris, dans une maison respectable, où il faisait une éducation particulière. (L'abbé Lafon.)
On n'a jamais su ce que la police impériale fit de lui. (P. G.)

FRAGMENT

SUR LA CONJURATION MALET

PAR M. E. MARCO SAINT HILAIRE.

M. E. Marco de Saint-Hilaire a raconté d'une façon piquante ce qui se passa, le 23 octobre 1812, à l'hôtel de ville de Paris :

« Boccheiampe, ce Corse prisonnier d'État détenu à la Force, mis en liberté par Malet et nommé par lui préfet de la Seine, s'était contenté, en arrivant sur la place de Grève, de rôder en curieux aux alentours sans oser pénétrer dans l'hôtel de ville. Parlant à peine français, et dans un costume plus que douteux, il avait compris qu'il fallait un autre prestige que celui de sa personne et de son langage pour prendre possession du poste qui lui avait pour ainsi dire été imposé. Il attendait patiemment que les événements se dessinassent d'une manière plus claire, lorsque Soulier, ainsi qu'il en avait reçu l'ordre de Malet, vint à son tour occuper la place de Grève avec une compagnie de sa cohorte, l'arme au bras ; puis, s'adressant au concierge de la porte principale de l'hôtel de ville :

« J'ai des dépêches et une lettre à remettre à M. le pré« fet, lui dit-il ; peut-on le voir ?

« — Il est à la campagne, » lui fut-il répondu.

« Soulier attendit. La veille, en effet, Frochot était allé, comme d'habitude, coucher à sa maison de Nogent-sur-Marne. Le 23 octobre, au matin, il revenait tranquillement à Paris, au pas de son cheval, lorsque vers les huit heures, passant devant l'hospice des Orphelins de la rue du Faubourg-Saint-Antoine, il vit venir à lui, monté sur un de ses chevaux, le nommé Francard, son garçon d'écurie, qui lui remit un billet tracé au crayon, de la main de M. Villemsens, son ami. Ce billet renfermait simplement ces mots : « On « attend M. le préfet. » Et plus bas deux autres mots, presque effacés, qui lui parurent être ceux-ci : « *Fecit imperator.* » Frochot hâta sa marche, toujours en cherchant à déchiffrer les deux mots incompréhensibles. Il y avait renoncé, et le billet s'était même échappé de ses mains, lorsqu'un gamin l'ayant ramassé, il lut enfin distinctement les mots *fuit imperator*, qui lui apprirent la prétendue catastrophe. Frochot pressa son cheval et arriva sur la place de Grève, qu'il vit remplie de peuple et de soldats. Il mit pied à terre dans la cour intérieure et trouva à son débotté M. de Villemsens, qui, pâle et consterné, lui confirma la fatale nouvelle, l'informa que le ministre de la police était venu le demander, et qu'enfin le commandant de la troupe stationnée sur la place avait ordre d'arrêter M. Lapierre, un des employés supérieurs du bureau militaire, qui, à tort ou à raison, avait conservé la réputation de ce qu'on appelait encore un jacobin.

« Bouleversé par ce qu'il vient d'apprendre, Frochot monte dans son appartement intérieur; le commandant Soulier arrive presque sur ses pas, et lui dit qu'il a une communication importante à lui faire. Frochot lui fait traverser la salle dite des Fastes, et le conduit dans son cabinet.

« Monsieur le préfet, dit alors Soulier du ton d'un homme « abattu par la souffrance physique, vous avez dû recevoir ce « matin un paquet à votre adresse?

« — Non, commandant, répond Frochot troublé; mais je vais le faire chercher.

« — Eh bien ! n'importe, reprend Soulier en tirant de sa « poche un papier cacheté, veuillez prendre lecture de cette « lettre; elle contient les ordres du commandant de Paris, « en vertu desquels je me trouve préposé à la garde de l'hô-« tel de ville. »

« Frochot regarde d'abord la signature, et voyant celle de Malet au lieu de celle de Hulin, demande avec surprise :

« Quel est ce général Malet?

« — C'est le chef ou l'un des nouveaux chefs de l'état-ma-« jor de la division.

« — Je ne le connais pas, je n'en ai même jamais en-
« tendu parler, » reprend Frochot.

« Et il commence à lire ; mais l'huissier de la préfecture
vient le prévenir que le ministre de la police demande à lui
parler.

« Faites entrer, » répond Frochot en rajustant sa toilette
endommagée par la rapidité de sa course.

Au même instant, l'huissier annonce :

« Son Excellence M. le ministre de la police générale ! »

« Frochot se précipite au-devant de lui.... Ce n'est pas le
duc de Rovigo ; c'est un personnage qui lui est tout à fait
inconnu. Cependant, comme le nouveau venu est décoré de
la Légion d'honneur, Frochot l'accueille avec déférence.

« Je ne suis pas le ministre, dit ce personnage ; je viens
« au contraire m'informer auprès de vous s'il n'est pas à
« l'hôtel de ville.

« — Non, monsieur ; il y est venu, m'a-t-on dit ; malheu-
« reusement je n'y étais pas.

« — Pardon, monsieur le préfet ; c'est que je suis envoyé
« par Mme la duchesse, qui est dans une douleur, dans une
« consternation....

« — Hélas ! monsieur, qui n'y serait pas ? Au moins,
« a-t-on des détails ?

« — Non ; tout ce qu'on sait, c'est qu'il a été enlevé de
« vive force de son hôtel, ce matin au point du jour.

« — Comment, enlevé ! De qui me parlez-vous ?

« — Du ministre, monsieur le préfet.

« — Mais c'est de l'Empereur que je parle, moi !

« — C'est différent ; les uns disent qu'il est mort, les
« autres qu'il ne l'est pas....

« — Ah ! grand Dieu ! mais il faut savoir au moins à quoi
« s'en tenir.

« — Il est mort ! dit Soulier, qui pendant ce dialogue
« s'était abstenu de prendre la parole.

« — Est-ce officiel ? demanda Frochot.

« — Tellement officiel, monsieur le préfet, que vous avez
« dû recevoir, comme j'avais l'honneur de vous le dire tout
« à l'heure, la proclamation du Sénat qui l'annonce ; procla-
« mation dont on nous a donné lecture cette nuit à la ca-
« serne.

« — Alors tout s'explique, reprit Frochot, on aura nommé
» un nouveau ministre, et le duc de Rovigo aura été arrêté.
« Connaît-on celui qui le remplace ? » Sur signe négatif des

deux interlocuteurs, Frochot ajouta : « Mon Dieu ! mon Dieu !
« quel embarras ! quelle incertitude ! il faut en finir ! » Et,
tirant un cordon de sonnette, il demande sa voiture à l'huissier qui entr'ouvrait la porte ; puis, s'adressant à l'inconnu,
en lui faisant un léger salut : « Monsieur, lui dit-il, veuillez
« présenter mes compliments de condoléance à Mme la du-
« chesse de Rovigo. »

« Le personnage se retire, et Frochot reprend sa lecture.
Il voit que le système impérial est aboli et qu'un gouvernement provisoire, dont il fait partie, doit s'assembler à l'hôtel
de ville à neuf heures précises, pour faire un appel au
peuple au moyen du tocsin. Cette dernière mesure toute
révolutionnaire achève de bouleverser toutes ses idées.

« Ce n'est pas M. Lapierre, se dit-il à lui-même, que l'on
« veut arrêter, c'est moi. » Et, s'efforçant de montrer de la
sérénité : « Eh bien ! commandant, que me voulez-vous?
demanda-t-il à Soulier.

« — Un endroit pour installer la Commission du gouver-
« nement provisoire et un autre pour mon état-major.

« — Il y a de la place dans la grande salle pour votre
« Commission ; quant à votre état-major, il pourra se placer
« dans le bas de l'hôtel de ville ; je vous assure qu'il y sera
« très-commodément. » Et Frochot sonna de nouveau ;
l'huissier parut. « Qu'on fasse appeler sur-le-champ
« M. Bouhin et l'économe, lui dit-il.

« — Le cocher de M. le comte fait demander s'il doit
« s'habiller et mettre la grande livrée? demanda l'huissier.

« — Il s'agit bien de livrée ! s'écria Frochot exaspéré ;
« qu'il se mette en chemise s'il le veut, mais qu'il se dépê-
« che. »

« Et, prenant de là prétexte pour s'esquiver, Frochot ou-
vre la porte et se trouve face à face avec M. Bouhin.

« A-t-on dit à l'économe de dresser dans cette salle un
« bureau et d'apporter des fauteuils ? » lui demanda-t-il.
« Non! je parie ! Eh bien ! mon cher monsieur Bouhin, faites-
« le-lui dire et veillez à ce que tout soit prêt. La commission
« du gouvernement va s'assembler. » Puis, s'adressant à Sou-
« lier : « Pardon, commandant, ajoute-t-il; mais je suis ex-
« trêmement fatigué ; permettez-moi d'aller changer de bot-
« tes, je reviens dans un instant. »

« Et il rentre dans ses appartements, après avoir dit à
l'huissier de prévenir son cocher qu'il ait à l'attendre, avec
la voiture, au bas du petit escalier qui donne dans la cour de

service; mais un instant après M. Bouhin revient tout essoufflé et lui dit :

« Monsieur le préfet, M. l'adjudant Laborde est là, qui
« voudrait vous entretenir en particulier. Il a des ordres du
« ministre de la guerre pour faire retirer la cohorte et la
« remplacer par d'autres troupes. »

« Frochot revient encore et trouve effectivement Laborde
aux prises avec le commandant Soulier, pour savoir à qui des
deux resterait la garde de l'hôtel de ville, sans qu'un seul
mot proféré par l'un ou par l'autre puisse lui faire découvrir
le sens de ce qui se passe. Mais en jetant les yeux autour de
lui, il aperçoit M. Saulnier qui, dans une embrasure de fe-
nêtre, discute d'une manière très-animée avec M. Lapierre
qu'on devait arrêter. Il courut à eux :

« Qu'est-ce donc que tout ceci? leur demanda-t-il. L'af-
« freuse nouvelle que l'on répand est-elle vraie ?

« — Quelle nouvelle ? répond Saulnier.

« — Celle de la mort de l'Empereur.

« — Eh non ! il n'en est rien.

« — Il n'est pas mort? s'écria Frochot. En êtes-vous sûr?

« — C'est positif, reprend le secrétaire général de la police.

« — Ah !... » s'écrie Frochot, transporté de joie.

« Et, dans son ivresse, il se jette au cou de Saulnier et
l'embrasse avec effusion; il embrasse de même M. Lapierre.
Laborde s'avance, il l'embrasse aussi. Soulier veut parler,
il ne lui en laisse pas le temps, il se précite dans ses bras en
s'écriant :

« Est-ce qu'un si grand législateur, un si grand guerrier
« pouvait mourir ! »

« Sur ces entrefaites, l'huissier de la préfecture revint annoncer au comte Frochot que sa voiture l'attendait à la place
qu'il avait désignée. Le préfet courut à lui et l'embrassa
comme les autres, en lui disant :

« Quand je me tuais de vous dire qu'il était impossible
« que l'Empereur fût mort ! vous le voyez bien ! »

« Mais il n'est plus nécessaire de sortir de l'hôtel de
ville en tapinois, c'est devant la porte d'honneur que Frochot
veut que sa voiture soit amenée :

« Au pied du grand escalier, s'écria-t-il, et la grande li-
« vrée ! »

« Enfin tout commence à s'expliquer; Soulier seul résiste
aux injonctions que lui adresse Laborde de faire retirer ses
troupes.

« J'ai des ordres, dit-il ; nous avons tous des ordres ; lisez
« plutôt vous-même.

« — Mais ces signatures sont fausses ! s'écrie Laborde ;
« ces ordres sont falsifiés ; Malet est un conspirateur qui a
« voulu renverser Sa Majesté.

« — Monsieur le commandant, ajoute Frochot, il faut
« vous rendre à l'évidence ; que vos troupes rentrent sur-
« le-champ dans leur caserne : descendez avec moi, je vais
« les haranguer. »

« Arrivé sur le perron de l'hôtel de ville, Frochot, aper-
cevant toujours beaucoup de peuple rassemblé autour de la
troupe, dit en élevant la voix, et de manière à pouvoir être
entendu de tout le monde :

« Français ! les alarmes qu'on vous avait données étaient
« sans fondement ; la nouvelle semée de la mort de notre
« auguste Empereur n'était qu'un mensonge. Je vous invite
« en conséquence à retourner à vos occupations. »

« Puis il monta en voiture et se rendit chez l'archi-chancelier pour lui rendre compte de ce qui s'était passé à l'hôtel de ville et pour prendre ses ordres. »

(Souvenirs intimes du temps de l'Empire.)

AUTRE FRAGMENT

SUR LA CONSPIRATION MALET

PAR M. E. MARCO DE SAINT-HILAIRE.

Le même auteur (M. E. Marco de Saint-Hilaire) donne des détails curieux au sujet du peu d'impression que la nouvelle de la conspiration causa sur la femme de Napoléon :

« En l'absence de Napoléon, le chef officiel du gouvernement était l'archichancelier Cambacérès, qui dirigeait et présidait le Conseil des ministres ; mais Malet s'en était peu inquiété ; il savait l'archichancelier ambitieux et trembleur, et le regardait comme toujours prêt à se rattacher au système triomphant. Malet pensait que, le succès couronnant ses espérances, Cambacérès eût volontiers présidé la séance pour prononcer la déchéance de Napoléon ; il n'en fut pas ainsi. La mollesse et l'inintelligence de Lahory et de Guidal firent avorter le projet de Malet. Si Lahory avait exécuté rapidement ses ordres, si Guidal n'eût pas, par sa lenteur, manqué de quelques secondes le ministre de la guerre, s'ils avaient eu tous deux plus d'activité, de tact, de présence l'esprit, Malet eût été délivré de la place Vendôme, et tout restait encore en question. Mais Lahory, de retour au ministère de la police, s'occupe d'abord des détails de son installation. Il mande le tailleur du ministère, puis, conformément à ses instructions, se rend dans la voiture et avec les chevaux du duc de Rovigo à l'hôtel de ville, où, selon le Sénatus-Consulte de Malet, la commission du gouvernement

9

provisoire doit s'assembler. N'y trouvant pas M. Frochot, qui n'est pas encore de retour de sa campagne, il rentre à l'hôtel et s'établit dans le cabinet du ministre, en attendant tranquillement d'autres ordres. Guidal fait pis encore : il se repose tout à fait, savoure les charmes d'une liberté inespérée, va se promener tranquillement au Palais-Royal, et entre chez un restaurateur pour y déjeuner. C'est là qu'il fut surpris et arrêté dans l'après-midi.

« A la nouvelle de l'arrestation de Malet, Lahory fut tellement consterné, qu'il ne songea même pas à faire un appel à ses soldats et, sans mot dire, se laissa attacher dans un fauteuil par Laborde et Saulnier, qui étaient venus le surprendre chez le duc de Rovigo.

« De son côté, Boutreux, nommé par Malet préfet de police, laissé sans nouvelles, mais non sans inquiétudes, n'avait usé de son pouvoir éphémère que pour sortir de l'hôtel du quai des Orfévres, malgré ses soldats, et aller au dehors à la découverte. Mais il n'avait eu garde de rentrer à la préfecture de police, et s'était enfui le jour même à Courcelles, près Paris, où il fut arrêté quelques jours après.

« Boccheiambe fut arrêté à dix heures du matin dans les environs de l'hôtel de ville, où il avait continué à rôder. Interpellé par l'inspecteur de police Pasques, il lui répondit :

« Je suis un prisonnier d'État inoffensif mis en liberté ce « matin. Je venais demander à Mgr le préfet une carte de « sûreté pour les étrangers à Paris. »

« Quant à l'abbé Lafon, il parvint à se sauver, ainsi que le prêtre Caamagno, malgré les recherches et les investigations si actives de la police impériale.

La plupart de ceux qui avaient joué un rôle dans la conspiration furent successivement arrêtés et conduits les uns à la Force, les autres à l'hôtel même du ministre de la police.

« Laborde et Saulnier avaient préalablement fait mettre en liberté le duc de Rovigo, M. Pasquier et Desmarets. Les guichetiers et les soldats, en voyant ces allées et venues de prisonniers incarcérés et relâchés, ne comprirent rien à ce manége. A onze heures tous les fils de la conspiration étaient rompus, et cependant les troupes refusaient opiniâtrément à M. Pasquier l'entrée de la préfecture de police ; il se vit même poursuivi, couché en joue et obligé, pour se soustraire à de mauvais traitements, de se réfugier dans la boutique du pharmacien Sillan, où on fut forcé de lui administrer des calmants.

« Laborde, envoyé pour faire cesser le désordre, faillit à son tour se faire tuer par les soldats qui s'obstinèrent à ne vouloir pas le reconnaître. Enfin, à midi, tout étant rentré dans l'ordre, l'autorité n'eut plus qu'à s'occuper d'approfondir les machinations de la nuit et à statuer sur le sort des conspirateurs et de leurs complices, si l'on peut appliquer cette qualification à des hommes si étrangement dupés.

« Mais qui pourrait peindre l'effroi de Cambacérès lorsqu'il vint à être salué, à son grand lever, par la nouvelle de la conspiration! Il lui prit une sorte de tremblement nerveux, et sa seule pensée fut de dépêcher un exprès au ministre de la guerre pour qu'il lui envoyât, pour sa sûreté personnelle, un piquet de la garde impériale à cheval. Il se barricada dans son hôtel, en s'écriant : « Les conspirateurs vont venir m'assassiner! » Il envoya ordonnances sur ordonnances au ministre Clarke, et lui signifia que : « Il répon- « dait sur sa tête de sa personne; qu'en sa qualité de chef « du gouvernement, il lui ordonnait de prendre les mesures « les plus promptes pour arrêter les scélérats qui osaient « se révolter contre l'empereur. »

« Ah! mon Dieu, s'était-il écrié en voyant arriver son se- « crétaire intime, ils vont venir me massacrer! je vous re- « connais bien là, mon cher, vous venez mourir avec moi. »

« Mais cette panique fut de courte durée. Après avoir fait mettre en liberté le ministre et le préfet de police, Saulnier avait couru chez Hulin, qu'il avait trouvé dans un pitoyable état et pouvant à peine articuler quelques mots, et de là, il était allé chez l'archichancelier pour lui apprendre l'arrestation de Malet, dont il était instruit déjà. En entrant dans le salon, on ne s'entretenait que de la conspiration, et les courtisans, accourus sur le bruit que le danger était passé, se moquaient de ce qu'ils appelaient les dispositions insensées du général Malet, qu'ils ne connaissaient pas, tout en félicitant cependant l'archichancelier de son admirable présence d'esprit dans le danger. Au risque de troubler la joie si expansive et si flatteuse de ces messieurs, Saulnier leur dit : « Mais il n'y a encore que Malet d'arrêté, et tant que nous « ne serons pas maître des autres conjurés, il ne faut raison- « nablement rien conclure sur l'issue de cette rébellion. »

« Aussitôt, à la turbulence joyeuse des assistants succédèrent des préoccupations inquiètes; on se parla à l'oreille, et chacun battit prudemment en retraite, se souciant peu de laisser seul l'archichancelier, qui, tout à fait remis de sa torpeur par les nouvelles rassurantes qui lui parvinrent coup sur coup, courut à Saint-Cloud, où se trouvaient l'impératrice et son fils, le roi de Rome, auquel personne n'avait songé dans la crise.

« En arrivant au palais, l'archichancelier trouva Marie-Louise prête à monter à cheval pour aller se promener dans les bois environnants, où pouvaient se trouver des conspirateurs, puisque Malet et les deux généraux ses complices étaient seuls arrêtés, et que, dans le premier moment, on devait croire qu'une telle tentative n'avait pas été faite sans qu'on se fût préalablement ménagé au loin des relations et des moyens qui pouvaient encore éclater. Cambacérès peignit à l'impératrice en termes vifs toutes les phases de cette conspiration, qui avait menacé l'édifice impérial et l'existence de tous. Celle-ci, toujours apathique, interrompit l'archichancelier pour lui demander, avec cette indifférence qui faisait la base de son caractère :

« Eh bien, monsieur l'archichancelier, qu'auraient-ils « pu faire contre moi ? »

« A cette question, le visage de Cambacérès, ordinairement si pâle, se colora subitement.

« Comment, madame, ce qu'ils auraient pu faire ? répéta-t-il.

« — Oui, reprit Marie-Louise avec la même impassibi-« lité ; je serais bien aise de savoir ce qu'ils auraient osé « faire contre la fille de l'empereur d'Autriche ! »

« Mais Cambacérès n'était pas homme à se laisser imposer par de grands mots. Il avait pour sa part jugé un roi de France, et François II, cet empereur d'Autriche dont on semblait lui faire épouvantail, s'était vu contraint deux fois de fuir devant nos soldats victorieux. Tout cela ne contribuait pas peu à détruire le prestige qui entoure les têtes couronnées. Aussi l'archichancelier, sortant un peu de ce calme solennel qui ne le quittait presque jamais, arrêta-t-il son regard sur Marie-Louise, et, brisant presque le respect qu'il lui devait, répliqua d'un ton d'aigreur :

« Ma foi, madame, Votre Majesté est bien heureuse de « voir les événements d'un œil aussi philosophique, et puis-« qu'elle ignore ce que les conspirateurs voulaient faire « de son auguste personne et de Sa Majesté le roi de Rome....

« — Oui, interrrompit encore Marie-Louise, de la fille
« de l'empereur d'Autriche et de son petit-fils.

« — Eh bien ! madame, on l'eût déclaré bâtard et on l'eût
« mis aux Enfants-Trouvés. Quant au sort qu'on réservait
« à Votre Majesté, on devait décider la chose plus tard. »

« A ces paroles, Marie-Louise sourit d'un air d'incrédulité :

« C'est là, monsieur le chancelier, tout ce que vous aviez
« à m'apprendre ? reprit-elle.

« — Oui, madame, répondit Cambacérès, comme aba-
« sourdi de tant d'indifférence.

« — C'est bien. » Et, ayant fait à Cambacérès un léger
signe de tête : « C'est très-bien, répéta-t-elle ; vous pouvez
« vous retirer, monsieur l'archichancelier. »

« Cambacérès revint à Paris, où il employa toute cette
journée à rétablir un peu d'ordre et de foi parmi les autorités publiques. Le gouvernement fit annoncer partout, au
moyen du télégraphe, l'entreprise téméraire et insensée de
Malet, et des vils conspirateurs qui avaient douté de la puissance et de la majesté des premiers fonctionnaires de l'Empire.

« De son côté, le ministre de la guerre fit grand bruit. A
une heure de l'après-midi, il envoya la garde impériale à
cheval à Saint-Cloud, sous prétexte que les conspirateurs
voulaient enlever le roi de Rome, tandis que Malet et ses
complices étaient arrêtés depuis plus de deux heures. Mais
bien que Clarke sût parfaitement que ces mesures étaient
inutiles, il voulut montrer du zèle pour conjurer l'orage qui
ne pouvait tôt ou tard manquer d'arriver ; en un mot, il dé-
ploya beaucoup de vigueur lorsque le danger était passé, et
cela lui réussit. »

(Souvenirs intimes du temps de l'Empire.)

FRAGMENT DE L'HISTOIRE

DES SOCIÉTÉS SECRÈTES

DE CHARLES NODIER.

La conspiration de Moreau se rattachant très-directement
à la conspiration Malet par les Philadelphes sur lesquels l'un
et l'autre s'appuyaient, nous croyons bien faire et éclaircir la
conspiration Malet elle-même en donnant ici les renseignements fournis sur la tentative de Moreau par Ch. Nodier :

« Je sais qu'on a répandu dans le temps et qu'on n'a pas
démenti authentiquement des bruits très-différents sur l'origine de la conspiration de Moreau. Comme tous les moyens
étaient bons pour détruire l'empire que Bonaparte avait
usurpé sur quelques esprits trop faciles, et comme la politique astucieuse de cette âme hypocrite n'était d'ailleurs que
trop connue par les détours qu'elle savait employer, on crut
pouvoir s'assurer que c'était sa propre police qui avait assemblé tous les éléments de cette affaire, et qu'elle n'avait
eu d'autre but dans son organisation que d'amener à Paris
le reste des partisans fidèles de la monarchie, ou peut-être
de porter un coup irréparable à l'influence militaire de
Moreau.

« Il est certain que Bonaparte put s'en promettre ces résultats quand elle lui fut connue ; mais il s'en fallait de beaucoup qu'il fût assez affermi alors pour oser hasarder une
pareille tentative, qui toute surprise qu'elle fut avant le

moindre commencement d'exécution, mit cependant sa vie et son gouvernement en danger. Cette prévention est une de celles que les nombreux ennemis de la tyrannie accréditaient à dessein sans y donner de confiance, mais parce que l'effet qu'elles produisaient dans l'opinion était favorable à leurs desseins.

« Ce qu'on peut présumer de plus raisonnable et de mieux fondé en vraisemblance, c'est que Moreau, assuré des soldats par sa gloire, et de l'estime publique par ses vertus, depuis longtemps appelé par des espérances et même par des sollicitations presque unanimes à la délivrance de la patrie, et se trouvant chef d'une conspiration admirablement organisée qui mettait dans ses mains les plus puissants moyens de changer la face des choses, ne dut pas balancer sur ce qu'il avait à faire, et transiger avec une si grande destinée.

. . . .

« Moreau avait à sa disposition tous les éléments d'une révolution inévitable qui l'aurait investi du pouvoir suprême pendant tout le temps nécessaire pour préparer un changement plus sensible et une régénération plus complète. Il le laissa entendre à Lajolais qui en conclut qu'il n'y avait point de temps à perdre pour les royalistes ; qui, toujours pressé d'être utile, au hasard de l'être à contre-temps, essaya de l'être encore cette fois là plus à contre-temps que jamais, et dont la *hâtiveté* mal entendue empêcha l'effet des profondes combinaisons de Moreau.

« Cette indiscrétion de Moreau est la plus grande de ses fautes, parce que le caractère inconsidéré et la loquacité frivole de Lajolais réprimait en quelque manière un pareil excès de confiance. Il fallait d'ailleurs toute l'impudence de Bonaparte pour oser dire aux Français que Moreau avait appelé Pichegru et avec lui soixante proscrits, obligés de chercher les ténèbres et d'éviter tous les yeux, pour exécuter un coup de main qu'il pouvait commander à six mille braves qui avaient la confiance du consul et l'accès de ses palais. Cent fois des ordres avaient été impatiemment demandés à Moreau pour l'enlèvement de Bonaparte ou pour sa mort, et cent fois il les avait refusés parce qu'il craignait d'agir d'une manière par trop prématurée, sinon quant à l'opération, qui était extrêmement facile, au moins quant à ses résultats qu'il croyait devoir préparer plus lentement. Comment aurait-il accordé à des étrangers, quelque estimables qu'ils fussent d'ailleurs par leur dévouement loyal et leur intrépidité à toute épreuve, ce qu'il n'accordait point à ses frères d'armes, à ses amis, à ses frères ? Et cependant il était sûr que ceux-ci ne démentiraient point ses promesses, ne contrariraient point ses démarches, ne tromperaient point ses espérances ! C'étaient des agents connus, unanimes dans leurs vues, inébranlables dans leur fidélité à sa personne, et qui, s'il faut le dire, appartenaient aussi absolument à Moreau et à Oudet qu'à l'État. Voilà peut-être un inconvénient remarquable des sociétés secrètes dans l'ordre naturel des nations. C'est qu'un homme de génie peut s'y mettre en balance avec la patrie, et l'emporter sur elle.

« Il serait donc souverainement injuste de faire un crime à Moreau de n'avoir pas voulu agir à la légère, et sur la foi de quelques hommes, auxquels il était étranger par sa vie politique et par ses principes, quand il était le maître d'amener un résultat plus sûr et plus heureux par d'autres moyens. Les circonstances dans lesquelles il se trouvait étaient très-différentes de celles que nous avons vues depuis....

. . . .

« Moreau n'avait certainement pas l'intention de régner, que Pichegru lui reprochait dans un moment d'humeur, par un propos constaté aux débats. Moreau, je le répète, désirait que le pouvoir ne rentrât pas dans les mains des Bourbons sans une transition dont il pouvait seul occuper l'espace, et au moyen de laquelle il aurait arrêté avec eux une espèce de pacte social ou conciliatoire.

« Ce que j'avance, avec quelque certitude, sera peut-être un grief contre Moreau aux yeux des casuistes en politique.... mais il y a une puissance que ces grands observateurs ne connaissent pas et dont l'expérience seule peut calculer les forces : la puissance des événements....

. . . .

« Une conspiration préparée hors de France, par des hommes qui ne voyaient la France qu'en souvenir, et qui en avaient oublié l'esprit, ne pouvait réussir que par un de ces caprices du sort auxquels Moreau n'avait pas le droit d'abandonner sa fortune, tant qu'il lui restait de services plus essentiels et plus certains à rendre à la patrie.

« Je ne crois pas qu'il y ait une autre manière raisonnable d'envisager les choses et que personne ait le droit de juger Moreau sur les suites malheureuses de son hésitation, sans égard à la situation fausse et forcée dans laquelle il se trouvait. Il m'est cependant prouvé que cette hésitation même n'a point été si timide qu'on le croit généralement, et que Moreau dans l'étrange hypothèse où l'indiscrète confiance de Lajolais l'avait placé, aperçut le seul parti qu'il y eut à prendre en pareil cas, et le proposa franchement à Pichegru lors de leur dernière entrevue. Après avoir exprimé avec beaucoup de force et de clarté les raisons qui l'empêchaient de prêter à la conspiration elle-même l'autorité de son nom, il ajouta qu'il ne voyait point d'inconvénient à l'accomplissement du plan des conjurés, qui était de l'exécution la plus facile, à cette époque où Bonaparte, encore mal assuré dans son usurpation, n'affectait pas tout à fait les formes extérieures de la tyrannie, et se laissait approcher, au moins par les militaires. Il engagea Pichegru à remettre le soin et la responsabilité de cette expédition aux hommes entreprenants dont il était accompagné, en abandonnant à la force des choses les effets indubitables qui devaient le suivre.

« Il n'était pas possible qu'après l'enlèvement de Bonaparte le Sénat jetât les yeux sur un autre que sur Moreau, pour lui confier les rênes de l'État et les attributions du premier consul.

. . . .

« Des inquiétudes réciproques.

« Entre Moreau et les royalistes et les réticences alternatives qui résultaient du défaut fondamental de la conspiration c'est-à-dire de la discordance de ses éléments, la firent traîner en interminables délais et en occasionnèrent la ruine.

. . . .

« Quand Moreau eut été arrêté, la société des *Philadelphes* n'eut plus, provisoirement qu'un but, le délivrer.

« C'est cette conspiration partielle, ou plutôt ce symptôme d'une vaste conspiration, que M. de Beauchamp a désigné par hasard dans sa *Vie privée* de Moreau.

« La victoire honteuse que Bonaparte venait de remporter sur un ennemi enchaîné, dit cet historien (d'ailleurs moins exact que fécond et moins fidèle qu'élégant), avait failli causer sa propre ruine. Il s'était formé, pendant le procès de Malet une véritable conjuration, qui tendait à le délivrer à main armée s'il avait été condamné à mort. Les auteurs de ce complot étaient pour la plupart, des officiers revenus de l'armée, et qui, travestis avec soin, se tenaient cachés à l'écart.

« La police, instruite de l'existence de ce complot, avait fait entourer le palais de justice de troupes et de canons; vain appareil de la force, qui n'eût point empêché l'explosion et l'exécution du complot militaire si Moreau eût été condamné à la peine capitale.... »

. . . .

« Les Philadelphes ne négligèrent aucun moyen pour sauver Moreau, et ces moyens furent si multipliés et ménagés si habilement, qu'il ne faut pas s'étonner de leur succès. Cependant, toutes les ressources de la séduction auraient échoué peut-être si l'on n'avait pas eu autre chose à opposer à Bonaparte qui avait à sa disposition tant de séductions diverses, et qui répandait si abondamment les faveurs et l'or sur quiconque voulait trafiquer de sa conscience. Les menaces et la terreur devaient agir plus sûrement et leur effet s'étendit jusqu'au gouvernement, comme les amis de Moreau l'avaient espéré.

« Ce fut le gouvernement qui ravit ce grand homme au tribunal qu'il avait chargé de le frapper, et cette proposition, toute vraie qu'elle est, ressemble assez à un paradoxe pour avoir besoin d'un développement de quelques lignes.

« L'existence d'un complot immense et audacieux qui avait la persécution de Moreau pour occasion ou pour prétexte, et qui pouvait avoir la chute de l'empire naissant pour résultat était connue de Bonaparte sans qu'il en eût pénétré le mystère dans tous ses détails.

« Des bruits populaires très-répandus, des rumeurs élevées dans différents groupes, des placards qui contenaient les provocations les plus hardies, des lettres anonymes qui se multipliaient enfin de la manière la plus alarmante pour le gouvernement, mais dont l'origine se dérobait à toutes les recherches de la police, quoiqu'elles arrivassent jusque sur le bureau du nouvel empereur, et s'il faut en croire quelques anecdotes du temps, jusque sur l'oreiller où il allait reposer sa tête, cette foule de circonstances ne devait laisser aucun doute sur les événements qui se préparaient et que la condamnation de Moreau allait faire éclater.

« Longtemps Bonaparte, dont l'opiniâtreté inflexible s'irritait de tous les obstacles, s'était confirmé dans la résolution de perdre Moreau par l'intérêt même que celui-ci semblait exciter, et il paraissait difficile que le tribunal se défendît d'accomplir ses volontés, quelque intention qu'il eût d'ailleurs de se soustraire à la honte d'une si basse condescendance. Moins confiant que son beau-frère, sans être ni moins ambitieux ni moins indifférent sur la vie des hommes quand elle pouvait servir à cimenter leur élévation, Murat craignit avec raison qu'une mesure de rigueur maladroite ou déplacée ne produisît l'effet diamétralement contraire et ne déterminât la ruine du trône au moment de sa fondation ; mais il est probable qu'il ne mit point Bonaparte dans le secret de ses inquiétudes, et qu'il se servit d'un moyen détourné pour fléchir cette âme despotique, en la flattant d'un résultat plus propre à satisfaire sa haine et ses projets de vengeance. En effet, Moreau, assassiné de la main d'un bourreau, à supposer que son exécution pût s'accomplir, devenait un objet d'intérêt général ; il devenait surtout un objet de culte pour la partie mécontente de la nation, qui était encore très-nombreuse, et son nom, honoré comme celui d'un martyr, menaçait de planer longtemps sur le peuple et sur l'armée, qui se souvenaient de son courage et qui supportaient impatiemment son infortune.

« Moreau, condamné au contraire à une peine légère, mais humiliante, perdait par ce jugement ses droits à la pitié, et peut-être ses droits au respect. On ne voyait plus en lui qu'un grand chef déchu qui devait l'oubli de ses fautes à l'éclat de ses services, et dont le châtiment modéré témoignait en faveur du tribunal qui l'avait jugé et du gouvernement qui l'épargnait. Moreau, en un mot, n'était plus persécuté [1]. Il était flétri, et cette idée convenait si bien à Bonaparte qu'il l'accueillit avec une impitoyable joie.

« Je ne dis point qu'il ne se trouvât pas dans le tribunal quelques hommes bien intentionnés qui n'auraient condamné Moreau qu'à regret, et qui peut-être même auraient eu le rare courage de l'absoudre — au hasard de perdre à cet acte de justice les émoluments de leur place et la faveur de la tyrannie ; — mais ce qui est de fait, c'est que la mort de Moreau cessa d'être demandée par l'Empereur, au moment où les débats s'animaient sur cette question et que Murat, qui l'avait fait résoudre aux Tuileries, est le seul homme qui puisse se flatter d'avoir exercé une influence salutaire dans

---

1. Il est au moins curieux de trouver dans la bouche de Murat la fameuse théorie du *piédestal*, rééditée de nos jours. (P. G.)

le procès, si toutefois on peut appeler salutaire une influence dont les effets ont été si bien entendus pour le succès de l'usurpateur et pour la perte des ennemis. Après la manifestation formelle de cette dernière résolution, la discussion ne se prolongea que par une espèce de pudeur, ou pour rendre hommage aux formes.

. . . .

« Moreau fut déclaré coupable et condamné à deux ans de détention. Ce jugement produisit le résultat perfide que la nouvelle cour en avait attendu ; les Philadelphes, qui entouraient le Palais de justice et qui avaient souvent témoigné à Moreau, pendant le cours de la procédure, les dispositions auxquelles ils se livraient et les sentiments dont ils étaient animés, soit par les signes qui sont pratiqués dans leurs assemblées, soit par des gestes encore plus intelligibles, virent succomber leur chef et s'évanouir cependant le prétexte du mouvement qu'ils avaient préparé pour le sauver et sauver la France avec lui. La tyrannie, qui serait tombée le jour même, fut prorogée de dix ans, et le coup d'État qui perdait Moreau sans le tuer, frappa de mort une génération entière, que le mauvais ange des nations devait moissonner sur le champ de bataille.

. . . .

(Histoire des sociétés secrètes de l'armée.)

FRAGMENTS

DES TÉMOIGNAGES HISTORIQUES

DE DESMARETS

SUR LES TENTATIVES DE FRÉDÉRIC STAAPS
ET DE LA SAHLA.

———

Le jeudi 12 octobre 1809, l'empereur passait la revue à Shœnbrunn, près de Vienne. Un jeune homme, vêtu à peu près comme le sont les employés d'administration à l'armée, cherche à approcher de sa personne. Le prince Berthier, qui voit son mouvement, lui demande où il va. « Je veux parler à l'empereur. — On ne parle pas comme cela à l'empereur, » reprend le prince, et il le fait écarter par le général Rapp.

Peu d'instants après, le même homme, par un détour derrière la ligne des grenadiers, cherchait de nouveau à gagner la tête de la colonne. Il fut encore aperçu par le général Rapp, qui, choqué de son obstination, le repoussa ; et, comme il parut persister, des gendarmes eurent ordre d'emmener cet importun. En le conduisant à leur poste, dans une des cours du palais, l'un d'eux sentit quelque chose de résistant sous le côté gauche de sa redingote, et trouva que c'était un couteau de cuisine long de quinze pouces. La lame fraîchement affilée, à deux tranchants, était enveloppée d'un gros papier gris, formant comme une gaîne au moyen de plusieurs tours de gros fil. La pointe allait se perdre dans la ceinture du pantalon.

A la question qu'on lui fit, pourquoi il portait cette arme, il répondit brusquement : « C'est mon secret! » M. le duc de Rovigo, averti par ses gendarmes, arriva promptement; et le jeune homme lui déclara sans détours et de sang-froid, qu'en effet, il avait formé le projet d'attenter aux jours de l'empereur, et qu'il était venu à la parade avec la résolution de le frapper de son couteau s'il avait pu le joindre.

Cet individu se nommait Frédéric Staaps, fils d'un ministre luthérien de Naumbourg en Saxe, âgé de dix-huit ans et neuf mois. Sur-le-champ, pour s'assurer de tous ses mouvements, on l'attacha bras à bras à un gendarme, et le duc alla informer l'empereur de l'étrange découverte qui venait d'être faite.

Napoléon avait, ou du moins montrait beaucoup de sécurité et surtout d'incrédulité sur les attentats qui pouvaient être prémédités contre sa personne. Même, peu de jours avant, il s'entretenait sur ce sujet avec M. de Rovigo et le maréchal Duroc. C'était pendant l'armistice où l'on traitait de la paix.

« Le jeune Lichtenstein a dit ces jours-ci à Champigny, dans une de leurs conférences, qu'on leur proposait de se défaire de moi, qu'il y avait des têtes montées sur ce projet. Ils disent que le cabinet autrichien a repoussé avec horreur de tels moyens. On met, sans doute, cela en avant pour nous rendre plus coulants sur les conditions. Car, quel homme oserait tenter un coup sur moi? » Le duc de Rovigo, avec son franc parler ordinaire, prétendit, au contraire, que si l'empereur échappait aux hasards des combats, la chance la plus probable contre sa vie était dans la main de quelque séide. « Vous êtes fou, reprit l'empereur; personne ne veut mourir, et ici il faut y être bien résigné. — Oui, mais il ne faut que cela, » répliqua le duc. Il fut ensuite question des moyens de poison, et Napoléon parut croire que c'étaient les seuls qui pussent être tentés [1], parce qu'ils laissent au coupable, avec l'espoir de l'impunité, celui de jouir des fruits de son crime. Duroc se rangea à cet avis; le duc de Rovigo

---

1. Cette idée datait de loin, car Bertholet lui avait donné jadis pour règle fixe de précaution que nul poison n'ayant d'action par les voies extérieures, il lui suffisait au moindre goût âpre, ou insolite d'une boisson, de la rejeter à l'instant, ou de vomir s'il en avait avalé.

persista dans son opinion. C'est de lui-même que je tiens ces détails.

L'empereur, instruit des aveux de Staaps, mais n'en tenant pas moins à sa première idée, le fit amener en sa présence. « Vous allez voir, disait-il, que c'est un malheureux atteint de folie ou d'imbécillité. » Il l'interrogea devant tous les assistants avec beaucoup de douceur, et comme touché de compassion. Le jeune Allemand lui déclara, sans hésiter et sans le moindre signe d'émotion, la ferme résolution qu'il avait prise de le frapper à mort.

Napoléon. Quels motifs vous portaient à cet acte?

Staaps. C'est pour procurer la paix à l'Allemagne.

Napoléon. Je ne fais la guerre qu'à l'Autriche, et c'est elle qui est venue m'attaquer.

Staaps. L'Allemagne est toute en armes et en réquisitions.... La voix de Dieu m'a dit que la mort d'un seul homme pacifierait tout.

Napoléon. Est-ce que Dieu peut ordonner un crime?

Staaps. C'était un sacrifice nécessaire.

Le docteur Corvisart touchait le pouls du jeune homme; il n'y trouva qu'un peu d'agitation.

L'instruction du procès et les recherches ultérieures du ministère de la police ont procuré les résultats que je vais exposer :

Staaps partit d'Erfurth, où il était en apprentissage chez un fabricant de nankin, le 12 septembre, avec une voiture et un cheval qu'il emprunta d'un ami de son père. On trouva après son départ un billet de lui qui donnait à entendre qu'il allait s'enrôler dans l'armée allemande. Il finissait par ces mots : « On me trouvera parmi les vainqueurs ou mort sur le champ de bataille. »

A quelque distance d'Erfurth, il vendit le cheval et la voiture, ce qui lui procura l'argent nécessaire pour achever son voyage jusqu'à Vienne. Dès le lendemain il acheta un couteau pour dix-huit sous, il l'aiguisa des deux côtés, puis, sans communiquer avec personne, il s'y porta enfin comme il est dit plus haut. Il est possible que s'il eût pris quelques précautions, on l'eût laissé approcher de l'empereur.

Pendant les quatre jours de procédures, son caractère ne se démentit pas un instant, il persista dans ses aveux et dans les motifs qui lui avaient inspiré sa résolution.

Il répondit au président de la Commission militaire, qui lui demandait s'il ne savait pas la peine réservée aux régicides : « Je sais bien que je subirai des tortures, et je m'y suis résigné d'avance. »

Le président dit que les tortures envers les criminels n'étaient ni dans la législation ni dans les mœurs des Français.

Il sembla apprendre avec une vive satisfaction que la plus grande rigueur qu'il eût à redouter était d'être passé par les armes.

Staaps avait un bel œil et une expression très-intéressante dans toute sa physionomie. Le commissaire qui a suivi l'affaire m'a dit que plus d'une fois, en l'interrogeant, il s'était levé de son bureau pour embrasser cette figure où respirait le courage, la candeur et l'amabilité, enfin le même commissaire m'a assuré que le lundi 16 octobre, jour de son supplice et qui fut aussi celui où la paix se proclama à l'armée, Staaps entendant le canon, lui demanda pourquoi l'on tirait. Sur la réponse : « C'est pour la paix qui vient d'être signée, » il dit, en levant les yeux et les mains aux ciel : « O mon Dieu, que je te remercie ! voilà donc la paix faite, et je ne suis pas un assassin ! » Deux heures après il n'existait plus. J'ai souvent regretté que cette cause ait été traitée au milieu des camps et sans doute perdue de vue par l'empereur parmi les soins d'une grande négociation et de son départ pour Paris.

Son père et sa mère devinèrent seuls le secret de son exaspération.

Staaps écrivait à son père, sans date : « Encore cette nuit-ci Dieu m'a apparu.... C'était une figure semblable à la lune.... La voix m'a dit : Marche en avant, tu réussiras dans ton entreprise, mais tu y périras. Je me sens entraîné par une force colossale et invincible, etc. » Il parle ensuite de la récompense qui l'attend dans le séjour de la félicité, où « je serai réuni, dit-il, à l'amie que mon cœur chérit. »

Le père répondait à son fils : « Reviens auprès de nous, ton esprit est malade.... je pénètre le fond de ton âme et le trouble de tes idées.... J'appliquerai le baume sur tes plaies. Reviens, trop cher enfant. Ne réserve pas une telle affliction aux vieux jours de ton père et de ta mère. »

La mère le pressait aussi de revenir, en style très mystique dont le sens se découvre aisément : « Dieu n'a pas voulu qu'Abraham consommât son sacrifice. Il s'est contenté de sa mission et de sa bonne volonté. Ta résolution suffira aussi à Dieu. Puisse-t-il te dispenser d'aller plus loin ! »

Mais ces exhortations par lettres étaient impuissantes, car Staaps explique lui-même à la fin de sa lettre déjà citée : « Qu'il a fait à Dieu le serment formel, sous peine de sa damnation, de faire cette action. »

Après un tel serment, il n'est plus en son devoir de s'arrêter.

Ses camarades, ses maîtres, ne l'ont jamais considéré que comme un enfant simple et doux, très-ordinaire d'ailleurs ; et ils furent très-surpris de son aventure.

On est donc borné à juger que Frédéric Staaps, de même que notre Jeanne-d'Arc, aura reçu une vive impression des événements et des idées qui agitaient alors l'Allemagne.

Quoi qu'il en soit, cet attentat, dont le succès eût affecté tant d'existences et de si hauts intérêts, est d'une simplicité effrayante. Un apprenti ouvrier, un enfant, sans complices, sans autre impulsion que l'opinion populaire, un couteau de dix-huit sous, acheté la veille, aiguisé sur un pavé, c'est à si peu de frais que dès lors le monde eut changé de face.

(*Témoignages historiques*, par Desmarets.)

TENTATIVE DE LA SAHLA.

(FÉVRIER 1811.)

Quinze mois après le jugement de Frédéric Staaps, un nouvel assassin se présente armé contre les jours de Napoléon. Ce n'est plus en pays étranger, dans le tumulte des armes que le coup doit être porté.

Dominique-Ernest de la Sahla, âgé de dix-huit ans, tenant aux premières familles de Saxe et de Prusse, part de Leipsick et vient chercher Napoléon dans sa capitale, jusque dans son palais, au milieu de ses gardes. On voit ici encore un jeune homme, presque enfant, encore un Saxon, encore un motif, mais moins pur, de vengeance nationale. Du reste, tout diffère, le mobile, les moyens, surtout le caractère, l'issue même de l'entreprise, car, Staaps a péri, la Sahla ne fut pas même jugé....

La Sahla était muni de douze pistolets et faisait avec ardeur toutes les démarches pour l'exécution, lorsqu'il fut arrêté à Paris, le 8 février 1811. Quelques mots qui lui étaient échappés en passant à Erfurth avaient donné l'éveil ; et il faut dire que la police, prévenue contre les jeunes illuminés d'Allemagne, suivait avec attention tout ce qui passait le Rhin, depuis l'âge de dix-huit ans jusqu'à vingt-cinq. Interrogé sur tant d'armes chargées, et sur le but de son voyage, la Sahla, après avoir balbutié sur la négative, ne tarda pas à s'expliquer librement, mais avec forfanterie sur le fond et les détails de son projet.

Il avait conçu, dès 1806, une haine violente contre Napoléon qui avait dit dans sa colère à Berlin : « Cette noblesse prussienne ! je lui ferai mendier son pain ! » Ce mot, comme un trait empoisonné, s'attacha au cœur d'un enfant de treize ans, dont les parents, soit paternels, soit maternels, étaient de hauts personnages en Prusse et en Saxe. Ses ressentiments s'accrurent par des communications avec certaines personnes, et par toutes les vociférations, les satires, les horreurs absurdes, non-seulement sur la politique de Napoléon, mais sur son humeur barbare, ses mœurs privées, ses goûts, ses plaisirs même, si cela peut s'appeler des plaisirs ! La Sahla en était venu à ce point d'exaspération que la vue d'un uniforme le mettait en fureur. Il insultait nos soldats dans les rues de Dresde et de Leipsick. « Mes camarades, sachant combien je suis craintif d'ailleurs, car la vue d'une épée me fait trembler ; mais sur ce point, j'étais un lion. » Je rapporte ses expressions.

Il s'était fixé à l'idée de tuer Napoléon, depuis un peu plus d'un an.... Sa mère et sa sœur, auxquelles il se hâta d'aller en faire part, le conjurèrent, même à genoux, de renoncer à cette funeste pensée. Il était l'unique rejeton de cette maison, et son père était mort.

De retour à Leipsick, il changea de religion et se fit catholique, non par un zèle de conviction, car il ne m'a montré que de l'indifférence en cette matière, mais seulement dans la vue de se ménager, disait-il, plus de facilités et de relations en France pour y accomplir son dessein ! Il eut aussi dès lors la singulière attention d'afficher un goût effréné pour les plaisirs.

Il fallait, selon ses idées, qu'il frappât le coup avant l'accouchement de l'impératrice. Calcul qui le fit partir sans attendre le quartier de sa pension. Mais son nom lui suffit pour se procurer à son passage à Francfort, un crédit de cinquante louis.

Arrivé à Paris, il acheta cinq paires de pistolets de la plus forte portée. Il fallut qu'il les fit charger par l'armurier, car la Sahla ne connaissait pas les armes. Il ne manquait pas de se rendre chaque jour aux Tuileries, épiant autant qu'il le pouvait les mouvements de son ennemi. Il m'a assuré avoir manqué deux fois de très-peu d'instants de l'approcher, la première quand il montait en voiture dans la cour, et un autre jour, à une croisée des appartements sur le jardin.

Telles furent ses premières déclarations, bien précises quant à l'intention, quant aux faits et aux moyens matériels d'exécution.

Afin de sonder jusqu'où allait celle-ci, je lui annonçai, après plusieurs jours, que le gouvernement, voyant dans son fait un certain désordre d'idées, et la vélléité plutôt que le dessein formel du crime, ayant égard surtout à son jeune âge, serait disposé à le rendre à la liberté et à sa famille, mais sur sa parole d'honneur de renoncer à tout acte contre Napoléon. Après un moment de réflexion, il demanda 24 heures pour faire sa réponse. Le lendemain, comprenant bien qu'il s'agissait d'être renvoyé chez lui sur la foi de sa promesse, même avec ses armes et en toute liberté, il déclare que ses sentiments et ses principes s'opposaient à ce qu'il donnât la parole exigée; qu'au contraire s'il était libre, le devoir et sa volonté le portaient à poursuivre son opération.

Un moral ainsi travaillé par la maladie, par les remèdes, et par ses études si abstruses expliquent assez ce décousu d'idées et de conduite[1], qui se remarque dans la plupart de ses actes : « Henri IV, disait-il, souvent attaqué, n'a succombé qu'à la dix-huitième tentative. Il en faudra peut-être cinquante contre Napoléon, qui a une police plus forte. Eh bien ! je suis une de ces combinaisons qui doivent manquer ; mais ma mort avance d'un degré la chance fatale pour notre ennemi. » Il ajoutait : « Je suis maladif, faible ; je ne dois pas vivre longtemps ; j'attachais mon nom à un grand fait d'histoire, en sacrifiant un petit nombre d'années malheureuses ! »

Ici se voit à découvert le ressort principal de toute la machine. La vanité ! Aussi demandait-il avec une sorte d'empressement :

« Quand est-ce qu'il serait fusillé au champ de Mars? » Il fut retenu au château de Vincennes avec d'autres, que la politique ou la clémence soustrayait à la justice. Là, pendant trois ans, il montra une véritable force d'âme. Pas un moment d'humeur ni d'impatience ; pas une plainte, pas une demande. Il fut toujours d'une douceur et d'une politesse remarquables dans les relations qu'on eut avec lui.

Enfin, au mois d'avril 1814, l'entrée de ses compatriotes dans Paris lui procura sa liberté. Mais dans les Cent jours,

---

1. Il plaît à Desmarets de qualifier cette héroïque honnêteté de « décousu d'idées et de conduite» : c'est un jugement bien digne du métier qu'il faisait. L'histoire ne peut voir dans cette fidélité aux principes qu'un admirable exemple de logique, digne des plus beaux modèles de l'antiquité républicaine. (P. G.)

il vint de nouveau se jeter en France. L'on a su à Paris que, le jour où Napoléon devait venir à la chambre des députés, un jeune étranger causa devant le palais de cette assemblée une explosion fulminante, dont lui-même fut atteint.

C'était ce même la Sahla !

Comment se trouvait-il là ? qu'était cette détonation ?

C'est ce que je vais expliquer.

Il s'était présenté vers le 15 mai, sortant des lignes prussiennes, au commandant de Philippeville. Il demanda d'être conduit devant le ministre de la police, dont il disait être bien connu, et auquel il voulait faire d'importantes communications. Ma surprise fut grande à la nouvelle apparition du personnage ! La Sahla se hâta d'expliquer que, revenu de ses premières préventions contre la personne et la politique de Napoléon, indigné surtout des traitements que le roi de Saxe, son souverain, éprouvait des puissances coalisées, il s'était dévoué entièrement contre une cause qui avait si mal répandu à ses espérances et à l'attente de toute l'Allemagne. « Il avait reconnu, dit-il, les vues, les dispositions et les moyens de beaucoup de seigneurs saxons et polonais, qui l'avaient pressé de venir en faire part au gouvernement français.... Il ne cacha point que, pour passer sans obtacles, il avait pris le parti de faire accroire aux généraux prussiens qu'il voulait reprendre et consommer son entreprise de 1811, contre Napoléon ; ce qui lui avait procuré leur protection et toutes les facilités désirées. » Il montra alors un petit paquet de poudre fulminante, qu'il offrit de déposer, et dont il démontrerait des applications très-utiles pour l'artillerie.

Sa manière franche de venir à découvert se livrer à une autorité dont il avait tout à craindre, fit qu'au lieu de le retenir, on se borna à son égard aux moyens de surveillance. Il parcourait Paris avec beaucoup de curiosité, ayant des communications journalières avec moi, et portant toujours sur lui son échantillon de poudre, de peur de quelque accident s'il l'eût laissé dans une chambre à son hôtel. Mais ce qu'il redoutait de l'imprudence d'autrui lui arriva à lui-même. Un jour de pluie, qu'il descendait de voiture, près de la chambre des députés, il glissa, tomba en arrière sur le pavé. Le choc fit prendre feu à la poudre, et l'explosion, en déchirant une partie de ses vêtements, lui imprima des plaies qui devinrent ensuite plus graves par l'action corrosive de cette substance.

Conduit au poste militaire de la Chambre, il se réclama

de moi. J'étais alors dans la salle, où l'on me prévient sur-le-champ. Je le trouvai pâle, défait, en lambeaux et en sang. Coupant court à toute explication, je l'emmenai avec moi.

Le jour, le lieu, car Napoléon était attendu à la séance de la Chambre, me donnaient de graves soupçons. La Sahla s'en défendit vivement et avec intelligence : entre autres moyens de justification, il se mit à même de vérifier que peu de temps avant il se trouvait sur le quai de Chaillot, n° 24, très-près de la voiture de l'Empereur, qui se rendait au petit pas à la cérémonie du Champ-de-Mai. « Or, disait-il, si j'en voulais à sa vie, pourquoi n'aurais-je pas agi en ce moment? » Mais il changea de langage quand l'armée prussienne vint encore une fois lui ouvrir sa prison, il se vantait alors de ce qu'il m'avait tant dénié ; il m'affirma à moi-même, son affreux projet avec détails, m'ayant appelé près de son lit pour me remercier et m'offrir ses bons services auprès des chefs prussiens: il avait, à ce qu'il m'a dit, augmenté peu à peu chez divers chimistes sa provision de poudre, qui en effet était trop insignifiante pour nous donner de l'ombrage.

Dans l'incertitude où m'ont jeté ses assertions, car je doute encore aujourd'hui, je m'accuse non pas de négligence ou de légèreté, mais de faiblesse, causée par une erreur de générosité. Il fallait proposer son renvoi hors des frontières, ou sa réclusion. Toutefois, qu'on se rappelle que celui qui me trompait ainsi m'avait naguère refusé à moi de racheter sa liberté et sa vie par une parole fausse.

Je croyais même avoir encore d'autres gages de sa foi et de son repentir.... Mais qui peut compter sur l'homme possédé d'une pensée fanatique? Saint-Réjaut, qui s'était vivement opposé à l'assassinat de Hoche, ne vint-il pas exécuter le Trois nivôse à Paris? Quoi qu'il en soit, je quittai la Sahla pour toujours, sans vouloir pénétrer plus avant dans ses relations prétendues avec l'état-major et le cabinet prussien.

Il est probable qu'elles devinrent peu satisfaisantes pour son amour-propre, car les journaux annoncèrent, vers la fin de juillet, « que le jeune Sahla, le même qui avait causé une explosion sur la place du Palais-Bourbon, venait de se précipiter du pont de Louis XVI dans la Seine, d'où un prompt secours l'avait retiré. » Un motif, dirai-je d'intérêt ou de curiosité, me porta à trouver son dernier logement (rue Michel-le-Comte). On l'y avait d'abord transporté, puis à l'hôpital de la Charité où il est inscrit au registre : baron de la Sahla, né à Chaulan (Saxe), entré le 5 août 1815, malade d'une fièvre ataxique lente nerveuse, sorti le 8. Des renseignements ultérieurs m'ont certifié sa mort. Triste fin d'un jeune homme doué d'une certaine force d'âme et de pensée, mais très-inférieur à Staaps pour la doiture et la pureté de cœur, autant que par sa physionomie pâle, ses yeux hagards et son air effaré.

Tous deux, marqués du sceau fatal des séides, jouets d'illusions fantastiques, l'un dans ses idées religieuses, l'autre dans son incrédulité!... Aussi, le premier court à ce qu'il croit être la voix de Dieu et de la patrie ; le second, cherchant de l'importance, cède à une vaine manie de renommée et tout au plus à un intérêt de caste ! Chacun d'eux résiste aux douloureuses remontrances de ses parents ; mais Staaps leur allègue avec respect le motif d'un devoir sacré et d'un serment inviolable, tandis que la Sahla n'oppose qu'une ironique jactance aux larmes de sa mère et de sa sœur, à genoux devant lui. Enfin, tous deux périssent à la première fleur de l'âge ; l'un en martyr dans le camp ennemi qu'il a troublé, et qui lui accorde des regrets. L'autre, ayant deux fois reçu la vie de celui qu'il voulut assassiner, se tue de dépit lui-même, rebuté par les siens.

J'ai connu plusieurs jeunes têtes, montées comme celles de la Sahla ; j'ai vu des hommes plus mûrs, voués systématiquement à une forte résolution, mais je n'ai pas rencontré un autre Staaps.

(Témoignages historiques par Desmarets.)

FIN

TABLE DES MATIÈRES.

10461. — IMPRIMERIE GÉNÉRALE DE CH. LAHURE
Rue de Fleurus, 9, à Paris

LES CONFÉRENCES
DU
BONHOMME RICHARD

...mmes de lettres de la Commune. — Les ...s bleus de M. Vermersch. — Les cafés lit-...— La littérature de portraits. — Les imi-...s de M. Henri Rochefort. — Jules Vallès ...chefort. — Une séance du Corps Législatif. ...barbe de Vallès. — Les reliques de la Com-...: Varlin et Clémence. — Le général Clu-... — Les dédicaces. — Un type de déclassé. ...axxa. — Sa photographie. — Les plaisirs de ...l'Risset. — Le chat guillotiné. — Sa der-...nuit — Les œuvres historiques de M. Pas-...Grousset. — L'égoïsme.

...ens de recevoir un bloc de livres ...otographie des littératures de la ...une; en joignant à tout cela mes ...irs personnels, je crois, qu'il y a ...petit sujet capable d'intéresser un ...ant le lecteur.

...pauvre M. Vermersch qui imitait si ...e style d'Hébert, n'était pas un mé-... garçon; je l'ai beaucoup connu ...o j'avais l'honneur d'aider M. H. de ...nessant dans la direction du *Figaro* ...presque toujours ou à me louer des ...ris que j'ai entretenus avec lui. Il ...débute dans la carrière des lettres ...a petit volume de vers:
Printemps du cœur, par Eugène Ver-...b, étudiant en médecine.
...o l'avait envoyé au journal l'*Époque*.
...fit une petite réclame et la pre-...e fois qu'il prit la plume pour écrire ...un journal il m'éreinta; ce qui ne

l'empêcha pas de venir avec beaucoup d'amabilité me demander plusieurs ser-vices.

En 1855, M. Vermersch était un bucoli-que; il disait à sa bonne amie :

Des villageois naïfs viens te mêler aux rondes;
Tu serreras ta taille avec un ruban bleu;
Tu laisseras flotter au vent les tresses blondes,
Et je me pâmerai sous tes regards de feu;
Sans nous inquiéter des mortels et des mondes,
Nous marcherons gaîment sous le soleil de Dieu.

Cela ne faisait pas prévoir la *Grande colère du père Duchêne* contre les jean-fou-tres de culottins et les vieilles bougresses de cagoties qui foutent la discorde dans la cité en montant comme des arracheurs de dents. Où êtes-vous, rubans bleus, tresses blon-des, regards de feu et soleil de Dieu? Je crois que trois causes ont contribué à dé-voyer ce jeune homme qui ne me parais-sait pas né pour rallumer les fourneaux du père Duchêne : d'abord il fréquentait trop les cafés où l'on s'admire, ensuite il a eu besoin d'argent, et enfin l'exemple de Rochefort l'a perdu.

La fréquentation des cafés littéraires où l'on s'admire se ressent de la publi-cation suivante, *les Hommes du jour* (c'est là où j'ai mon affaire). Le livre pétille d'esprit un peu gros, mais vrai, et est con-duit avec une malice prudente et fran-comtoise. M. de Villemessant, dont le journal est la terre promise des jeunes journalistes et qui est en même temps la tête de Turc sur laquelle s'exerce toute la Bohême littéraire sans ouvrage, M. de Villemessant a été traité dans le volume de M. Vermersch par l'acide ingénieux et le chlorate de politesse ; voici le trait de cette invitation à la copie :

A la rendre enfin le public s'accorde :
Dans l'espace à peine a-t-il fait trois bonds,
Que tous, laissant là leurs airs furibonds,
Tirent leur couteau... pour couper la corde.

Il est à remarquer que, fidèle à la tradi-tion des cafés littéraires, il éreinte le *Siècle* avec dévotion. De M. de Bléville il dit : « Ses machines sont illisibles, cela donne envie de pleurer. Si la langue française n'existait pas, ce n'est certaine-ment pas lui qui l'inventerait. » M. Ma-vin, le maître de la maison, est encore plus mal affilé; c'est « un Prudhomme po-litique qui a hérité d'un fonds de maxi-mes dans la manière de La Palisse. »

Cette littérature de portraits où quatre ou cinq lignes crayonnées à la hâte sur une table de café et d'après les renseigne-ments cueillis autour d'un domino à qua-tre, l'amène enfin au *Figaro* où plusieurs des petites figurines qu'il y apporta avaient de l'allure et de la tenue. Malheureusement le plus souvent il parlait de gens qu'il ne connaissait pas, et cela avec un impertur-bable aplomb; du reste, il en convenait d'assez bonne grâce ; un jour qu'il me li-sait plusieurs de ses portraits sur les-quels il demandait une avance, je lui fis observer très poliment qu'il ne devait pas avoir vu le monsieur dont il parlait.

« Non, me dit-il, je le peins tel que je le sens, tel que je veux qu'il soit. »

C'était encore plus fort que le photo-graphe qui opère lui-même.

J'ai dit tout à l'heure que l'exemple de Rochefort a lancé toutes les têtes folles du journalisme dans l'insulte outrancière, et je me figure volontiers que le *Père Du-chêne* de M. Vermersch est une SPÉCU-LATION imitée de la *Lanterne* et du *Mot d'ordre*. Ce gain facile et considérable, cette popularité énorme soulevée sans peine et sans travail qui ont été les résul-tats immédiats de la *Lanterne* eurent grisé beaucoup d'hommes que je connais; ils ont dû griser M. Vermersch puisqu'ils avaient grisé Jules Vallès.

J'ai connu Vallès beaucoup plus fami-lièrement que M. Vermersch, et je puis affirmer que la réputation et la fortune de Rochefort ont souvent troublé la tête de l'auteur des *Réfractaires* et de la *Rue*.

Le jour où M. Rouher prononça à la tri-bune du Corps législatif ce magnifique discours qui enleva, contre le vœu de la majorité, l'article 1er de la loi sur la presse et l'abolition de l'autorisation préalable, j'avais déjeuné chez Brébant à côté de Rochefort. La délibération qui allait s'en-tamer ou plutôt se terminer à la Chambre l'inquiétait beaucoup; c'était pour lui une question de vie ou de mort. Il pouvait ou ne pouvait pas créer la *Lanterne*. Je sa-vais déjà que dans la nuit un conseil privé avait été tenu aux Tuileries, et que les derniers scrupules de l'empereur avaient été éteints par une éloquente apostrophe d'un ex-ministre de l'intérieur; je rassu-rai Rochefort et je lui dis que je croyais pouvoir lui affirmer que l'art. 1er serait voté.

Voyant son inquiétude persistante, je lui offris de le faire entrer au Corps Lé-gislatif et je l'emmenai au palais Bour-bon, où je pus immédiatement lui procu-rer un billet. Il était anxieux, fiévreux, démonté. — La même anxiété animait Jules Vallès qui, lui aussi, rêvait sa création; le hasard les plaça à côté l'un de l'autre et j'assistai bien malgré moi à un cours comparé d'esthétique journa-liste.

Mais ce qui me frappa bien davantage encore que l'exposition des singuliers procédés du journalisme, — procédés suivis depuis par Rochefort, — ce fut la netteté de ses calculs commerciaux. A tant de tirage, il gagnait tant; passé tant, il gagnait ce qu'il voulait. Il n'était pas question alors de démolir l'empereur, il s'agissait tout simplement de battre mon-naie sur son échine. Rochefort n'est de-venu un homme politique, que par son succès commercial très considérable, mais qui a été exagéré encore par lui dans l'in-térêt de son amour-propre, et par l'entre-prise elle-même en vertu de cet axiome très réel que le succès commande le suc-cès.

Pendant la conversation, Vallès était en contemplation rêveuse.

Je ne possède de Vallès que deux volu-mes : les *Réfractaires* et *la Rue*; il a fait un troisième ouvrage, l'*Argent*, que je ne connais pas. Vallès est un homme d'un grand talent, d'un talent monocorde, mais parfaitement dessiné.

Vallès n'est pas un réaliste, c'est un miniaturiste. Les *Irréguliers de Paris* et son *Bachelier Géant* sont des portraits de monstres peints par Mme de Mirabelle. Ce-la a dû lui coûter une peine infinie ; ma figure que certains articles de Vallès — et les meilleurs — ont été racontées en écriture. Puis ils ont été lus, relus, cor-rigés et recorrigés ; on a essayé leur effet sur vingt couches d'auditeurs. De leur côté Vallès a fait du travail courant, il a été perdu, il a vu que, pour cette besogne-là, le moins doué d'entre nous avait, plus de talent que lui.

Il était pourvu d'une vanité excessive, épouvantable. Vingt fois je lui en ai fait le reproche doucement, moins en riant; il prenait la chose assez bien, puis je sen-tais bien que je froissais une conviction profonde.

Vallès est vivant. Nous savions tous déjà qu'il était vivant alors, que les jour-naux le disaient fusillé. Il y a sur les ha-sards qui ont servi à le sauver un détail horrible; de trois côtés on annonçait que Vallès était fusillé, et ce change rôle un fournissait un signalement où figurait une barbe noire, drue, longue et forte.

Un de ses amis, qui lui est resté fidèle malgré le reste, qui a joué aux le Con-volume et qui n'a pas assez richelé en se plaçant dans les rangs de la minorité mo-dérée, n'a reculé que Vallès avait coupé sa barbe dès les premiers jours de jan-vier. Ainsi, on a peut-être fusillé trois faux Vallès à cause de cette barbe que le véritable ne portait plus.

Il était sur le coup d'un mandat d'ame-ner depuis le 31 octobre.

J'ai manqué une combinaison biblio-graphique qui ferait bondir d'aise les amateurs les plus délicats : La Commune. ...possédait deux relieurs : Varlin et Clé-mence. Je les ai connus tous les deux et de me suis même occupé de trouver une commandite à Varlin qui a mieux aimé attendre le grand jour de la Revendica-tion que de devenir tout ce qu'il en bour-geois. Varlin a été fusillé à Montmartre, au moins le général X..., qui comman-dait la, une l'a affirmé. Il serait mort avec courage et fermeté. C'était un bon gar-çon, brun, qui n'aimait pas le travail beau-coup. Il était le relieur de Buret, le célè-bre relieur, et il aurait eu l'aveuar patron très justement, mieux par droit de nais-sance.

Quant à Clémence, homme tout froide, très doux, il m'arriva un mal avec une lettre de recommandation de Vermorel. Il m'apportait les trois premiers numéros de la *Revue de la Reliure* et la *Bibliothè-que* dont il était l'éditeur, le propriétaire, l'administrateur, et le côté le principal ré-dacteur. Il me demanda si j'avais l'ou-vrage à lui donner et je lui, petits quatre volumes sortis des presses de Jouaust qu'il lui, relia fort bien, ma foi, comme les prix parfaitement rémunérateurs. Je possède huit quatre quatre dont Jans-sisère riches actes. L'Ensuite.

Si j'avais eu la prévoyance de lui don-

noté les œuvres de Vermersch, Ratic, Val-
morel, Vallès, Tony Moilin, Paschal
Grousset, Razoua et Cluseret, j'aurais, je
le répète, une fort rare curiosité biblio-
graphique : la Commune reliée par elle-
même.

Mais on ne pense pas à tout.

Cluseret que j'ai nommé le dernier pour
me ménager une transition toute naturelle, est l'auteur d'*Armée et Démocratie*,
publié en 1868 — bien que le volume
porte la date de 1869 — par le libraire
Albert Lacroix. Je possède ce volume
avec une dédicace fort amicale ; mon
Dieu, je vais en donner le texte : « A
mon ami J. Richard : G. Cluseret. » Je
dois cette tendresse du célèbre agitateur
à ce que j'étais son compagnon de prison
à Sainte-Pélagie et qu'il me lit l'insigne
honneur de me prier de corriger les
épreuves de son opuscule ; c'est ainsi qu'il
m'appelle lui-même dans la dédicace im-
primée en tête et adressée à M. Eugène
Pelletan. « Mon cher ami, lui dit-il, voulez-vous accepter la dédicace de cet
opuscule ? » J'ai tenu à citer cette phrase,
la phrase pour montrer au lecteur que
le général avait des amis plus intimes
que moi.

Le livre de Cluseret est diffus ; c'est la
rêverie d'un déclassé, militaire qui ne
veut pas convenir de ses torts envers l'armée et qui la démolit par colère, haine
et jouissance. Je n'ai d'ailleurs dans ma
vie jamais rencontré que Cluseret qui fut
un type parfait du déclassé ; Cluseret était
complet. Il était fils d'un colonel de la
ligne ; il était filleul de Louis-Philippe ;
son frère avait une haute position dans
l'administration ; il avait eu de la fortune, il l'avait grossie ; il avait promené
ses bottes molles derrière Garibaldi et
les généraux américains ; c'était un pro-
duit des bureaux arabes et des bandes in-

surrectionnelles. Il avait conservé de la
discipline et du commandement un certain respect de l'uniforme ; il ouvrait,
mais s'arrêtait au commandement ;
dans ses plus durs moments de gêne, — et
il en eut d'inexprimables, — il usait des sub-
terfuges des vieux brosseurs pour rendre
du lustre à son chapeau, de l'apparence à
ses vêtements ; il n'a recrudité à sa
chaussure. Quelquefois on son linge on
n'apercevait que le faux-col, mais ce faux-
col était propre.

La tête était ravagée, mais l'éclat de
l'œil la sauvait encore, et puis chez Cluseret le souvenir de l'origine sauvait la
bête. Dans ces longues causeries de prison où quelquefois la pensée dépasse la
volonté, j'ai cru entrevoir quelquefois
que si Cluseret avait connu un seul in-
cret pas l'appel il aurait pu revenir vers
la société, vers son monde à lui et se sé-
parer à jamais des ouvriers. Il l'aurait
fait sans hésiter, mais il n'en connaissait
pas, car la repentir n'est pas un moyen
social de parvenir, c'est un moyen moral
pour s'effacer ; donc il « marchait toujours
en avant, ne pouvant plus retourner sur
ses pas.

Je ne connais pas M. Eugène Razoua,
mais son livre *Souvenirs d'un* est
étonnant. Pourvieu, diable, M. Eugène
Razoua s'est-il fourré dans la tête. Il a
écrit de si jolies histoires sur le fana-
tisme musulman, qu'il pouvait être le
prophète du clan l'islamisme.

Je m'explique très bien et trop bien le
goût du luxe et de la renommée chez
conduit peu à peu MM. Vermersch, Jules
Vallès et Henri Rochefort à écrire des hel-
les folies qu'ils exploité en ce moment ;
soit dans l'art, soit dans la prison ce
concob Cluseret, dont le luxe était de sa
classe par son passé, se vengeait sur soi
de ses propres fautes. — Certes, bien il est

qui morai, et cela est encore moins du-
saient pour le socialiste, à travers l'abru-
tisse de l'ouvrier Varlin et les vapeurs
de l'ouvrier Clément, mais il se me
rend pas compte du chemin qu'à la suivre M. Eugène Razoua pour se rendre des
Souvenirs d'un Spahi au feuilleton qu'il
professait M. Delescluze.

On ne peut croire à ces miracles-là que
parce qu'on les voit ; et en définitive
pour les vrais philosophes c'est la raison
la plus concluante, mais c'est aussi la plus
déchirante. D'autant que M. Delescluze paraît avoir été l'ami damné de la Commune. Ferré et Rigault étaient les bras,
Delescluze était la tête. Je n'ai jamais vu
M. Razoua, mais d'après sa photographie,
il ne me paraît ni cruel, ni violent ; il a
l'apparence frêle, maladive ; on dirait
qu'il a rapporté les fièvres en revenant
d'Afrique, l'œil est doux, plutôt indifférent que bienveillant, mais il n'indique
ni un turbulent, ni un épileptique, ni un
buveur de sang.

Le doux M. Vermersch a bien fondé le
premier numéro de son *Père Duchêne* avec
les rubans bleus de sa Chloris !

Je ne crois pas que M. Raoul Rigault
ait écrit ; cependant, il fréquentait les of-
ficines démocratiques-littéraires ; il était bé-
bête dans le quartier latin pour ses exé-
cutions solennelles de chat qu'il condam-
nait, tous au nom de « Dedindadé » à la
peine de mort et à la guillotte ; il était
également illustre pour un cachet abra-
cadabrant. C'était un sanguinaire plai-
santin. Bien que ce ne soit pas un litté-
rateur de la Commune, ses autographes
ont au prix ; ni possède deux qui n'ont
rien de bien remarquable, l'un est du
remboursant, à vue ; mais l'autre une demande de rendez-vous.

M. Raoul Rigault était laid, horrible
ment laid, et habituellement malpropre.

Mais il était

commandant qui l'a fait, et le voilà de
Raoul Rigault reste dans la mémoire un
vilisa souvenir. Ce n'ai parlé de lui que
pour raconter une anecdote, que je crois
inédite, sur les derniers jours de sa vie.

Pendant la Commune, il fréquentait
assidûment le petit théâtre des Délasse-
ments-Comiques ; une figurante de ce
théâtre a même été arrêtée trois fois à
cause de son assiduité. Rigault venait
tous les soirs avec un ou deux amis,
payait trois francs une loge de vingt-
cinq, ne prêtait pas qu'on lui rendit sa
monnaie, s'endormait régulièrement un
quart d'heure après s'être assis, puis, le
spectacle fini, s'en allait en joyeuse
compagnie. Il affectait des manières de
Richelieu démocrate et daignait s'entretenir avec le directeur. Un soir, il lui
dit :

— Faisons-nous vos frais ?
— Dame ! répondit le directeur, les temps
sont durs.
— Quand la Commune sera tout à fait
établie, vous, Rigault, votre théâtre prendra mieux.

Il prit si bien qu'il prit 600 : il n'en
resta plus que les morceaux de décombres.

Le lundi des Délassements, pour le
dimanche 21 mai, pour la dernière fois.
Le lundi matin il arriva à cheval avec son
état-major.

— Tiens, dit-il, en voyant le théâtre
fermé, on s'amuse donc pas ici ce
soir ?

Les gens l'affirment que dans
un café du voisinage on descendit Rigault
re, il annonça qu'il allait faire procéder
au massacre des otages et qu'il invita
même l'évêque à cette messe. On ne l'a
plus revu... Le soir même il était fusillé.

M. Paschal Grousset, sur lequel je ter-

... situation : la nation française, fière
d'avoir été successivement habillée
toutes les factions révolutionnaires,
cueillit la dictature du général Bou...
te qui lui semblait venir de main...
Il en est toujours ainsi : après l'insur-
tion, la dictature ; c'est la loi histo...

Mais dans les ouvrages de M. P...
Grousset, il y a le goût de la conspi...
était-ce de la pose, était-ce la fiè...
tempérament ? Je n'en suis rien, ma...
a certainement dans tout cela de l'im...
tation et de la volonté.

Celui-là a encore été conduit par la vanité et le désir d'imiter Rochefort. Étudiant en médecine comme M. Vermersch,
comme Raoul Rigault ; il désaltérés quelques succès des feuilletons de science,
puis il s'est mis à faire de la très médiocre littérature, et enfin de détestables
compilations historiques.

Sa *Conspiration du général Malet*, son
Coup d'État de Brumaire sont rien appor-
té de nouveau dans l'histoire banale de
ces deux événements. Par besoin d'inven-
ter Malet qui était déjà suffisamment
grand comme cela, Paschal Grousset
fait, au roman des *Philadelphes*, raconté
dans le livre de Nodier, livre contesté
d'ailleurs à Nodier par les bibliographes,
qui s'attribuent plus généralement à
Lombard de Langres. Il fait de Malet une
sorte de chef romantique d'une société
secrète mélodramatique, et il explique
ainsi le succès rapide de sa conspiration.

Or, Malet réussit parce que l'Empire
était détesté ; Malet réussit, comme
il l'avait prévu, parce que l'Empire c'é-
tait l'Empereur.

De même, dans le *Coup d'État de Brumaire*, Paschal Grousset veut qu'il y ait eu
conspiration. On n'avait pas besoin de
conspirer contre le Directoire ; il y a des
gouvernements tellement lâches qu'on n'a pas
besoin de conspirer, ils tombent tout
seuls. Le général Bonaparte profita d'u-

... tisan.

Voilà quatre jeunes bourgeois,
mersch, Vallès, Rigault et Pas...
set, qui ne me paraissent avoir...
uns ni les autres à se plaindre...
cieté, et qui l'ont attaquée vio...

Pourraient-ils dire pourquoi ?
était-ce pour la réformer et ...
meilleure ?

Mais il serait impossible de...
dans leurs écrits une idée, une...
l'application amènerait un pro...
ce qu'ils ont songé au prog...
qu'ils savaient ce que c'est...
grès. Je crois qu'ils n'ont pens...
mêmes, ce qui est le caractère...
toutes les oppositions de ce mo...

JULES RICHARD

LES CONFÉRENCES
DU
BONHOMME RICHARD

On annonce un nouveau livre de M. Jules Favre. — Le divin Dréo. — Les comptes sous l'Empire; qui les faisait? les Prussiens. — Le club Rouge à Belleville. — Paris livré, par Gustave Flourens. — M. Jules Ballot. — L'émeute du 14 août 1870. — M. Gambetta ne veut pas qu'on le confonde avec les espions prussiens. — M. Jules Favre ne dira pas la vérité. — Les Parisiens ont été sublimes. — La politique confiante du 4 septembre. — M. Jules Favre ne veut pas imiter Robert Macaire. — Gambetta Pontsmarde.

M. Jules Favre annonce le *Récit d'un membre du gouvernement de la défense nationale sur les événements de 1870-1871*; cela sera curieux si M. Favre ne ment pas. Ne vous récriez pas sur le verbe que je viens d'écrire; en histoire il n'y a pas de politesse, il n'y a que vérité ou mensonge.

Donc si M. Jules Favre dit la vérité son livre sera intéressant.

Malheureusement il ne dira pas la vérité; il ne la dira pas, d'abord parce qu'il ne la sait pas tout entière, — et puis il la saurait qu'il ne la dirait pas. Il y a des choses, dans notre histoire contemporai-

dans d'autres circonstances, comme des surveillants dirigés contre la politique, mais comme les protecteurs de l'ordre et comme les défenseurs du territoire.

Voilà, Messieurs, pourquoi je me permets ces commentaires, que je crois opportuns et nécessaires. J'ajoute que dans ce fait d'une mainmise sur la caserne de La Villette, le gouvernement, et je l'en remercie, ne s'est pas trompé comme d'habitude dans l'indication de la main criminelle; il a rencontré immédiatement les agents de M. de Bismark et les a dénoncés à l'opinion publique.

Tant de douceur et d'éloquence de pensée en faveur de l'ordre, prouve qu'on redoutait fort d'être confondu avec les amis de la Prusse; et cependant le lendemain ou le soir même du 4 septembre, M. Gambetta embrasse Eudes que M. Pelletan est allé chercher à Mazas dans une voiture de la cour.

Il sera bien difficile à M. Jules Favre de raconter toutes ces choses-là; il ne pourra pas les mettre sur le dos de ses collègues; il était le vice-président de la défense nationale et le chef de l'opposition radicale. M. Jules Favre ne dira que ce qu'il voudra dire; — cela est malheureux; car il est difficile, même avec de la patience, de reconstruire l'histoire de ces malheureuses journées.

Je suis doué d'une dose de patience assez considérable et d'une mémoire très complaisante; j'attends donc le récit de M. Jules Favre, surtout pour voir comment il nous racontera la journée du 31 octobre et la séance du gouvernement dans laquelle on contraignit le général Trochu à donner sa démission de gouverneur de Paris. Ce sont là des événements que nous ne connaissons qu'à moitié.....

Nous les savons par les côtés épisodiques non dans leur ensemble. Il est évident que le 31 octobre le gouvernement de la Défense nationale a été trahi ou plutôt abandonné par une portion de lui-même; je puis en donner deux preuves.

La première est irréfutable : les conjurés sont entrés dans l'Hôtel-de-Ville grâce au concours de fonctionnaires qui ont été destitués et remplacés le lendemain;

La seconde a aussi son mérite : plusieurs membres du gouvernement se sont opposés à l'arrestation de quelques-uns des conjurés et le procès des hommes du 31 octobre n'a été fait qu'après le siège et très sommairement.

Aujourd'hui, quand on réfléchit à la patience, à la résignation que le peuple de Paris a montrées devant ce ramassis de gens nuls, flasques, sans idées, sans ressources d'esprit, on se demande si la présence de l'ennemi n'avait pas héroïsé la capitale. Cette grande dignité, entre la folie du 4 septembre et la folie du 18 mars, est une page magnifique; lorsqu'on nous disait alors que nous faisions l'admiration de l'univers, nous plaisantions, mais il est certain que l'univers entier devait admirer le Minotaure parisien se laissant dominer et conduire par les canuries de l'Hôtel-de-Ville.

On ne nous disait rien, on battait le rappel, on nous faisait habiller en soldats, tourner la tête à gauche ou à droite, manger du pain Ferry et du mouton Magnin; de temps en temps on nous annonçait l'arrivée d'un pigeon Gambetta qui n'apportait que des phrases, — et nous obéissions. Je me souviens qu'au bastion, il y avait des fanatiques qui nous prédisaient la délivrance prochaine; Faidherbe était vainqueur, Bourbaki hachait les Prussiens menu comme chair à pâté, et Chanzy était à Fontainebleau; on grignotait son pain vert, on buvait par-dessus un verre de vin chaud et on allait tirer deux heures de faction à côté de Joséphine. Si nous n'avons pas été vainqueurs, ça n'est pas notre faute; nous avons fait tout ce que l'on nous a dit de faire.

Mais nous avions contre nous, au début de la guerre, et les ennemis de la France et les ennemis du gouvernement de la France. Le gouvernement impérial livrait deux batailles à la fois, une à Paris et une sur les bords du Rhin; voilà pourquoi la France a été vaincue avant le 4 septembre; — et après, elle a été vaincue parce qu'elle s'était confiée à des fous.

Je relisais tout à l'heure le *Journal officiel* des premiers jours de la révolution et je me demandais comment M. Jules Favre pouvait avoir encore le front de mettre son nom en vedette et pourquoi il n'allait pas se cacher au fond d'un désert. Mais si jamais un fou qualifié a existé, c'est M. Jules Favre, et aujourd'hui que nous sommes froids, que quatorze mois ont passé sur nos têtes, que nous avons vu le traité de paix et le règne de la Commune, que dirons-nous des phrases suivantes :

« Le roi de Prusse veut-il continuer une lutte impie qui lui sera au moins aussi fatale qu'à nous?

Veut-il donner au monde du XIXe siècle ce cruel spectacle de deux nations qui s'entre-détruisent et qui, oublieuses de l'humanité, de la raison de la science, accumulent des ruines et des cadavres?

Libre à lui; qu'il assume cette responsabilité devant le monde et devant l'histoire!

Si c'est un défi, nous l'acceptons.

Nous ne céderons ni un pouce de notre territoire, ni une pierre de nos forteresses.

Une paix honteuse serait une guerre d'extermination à courte échéance.

Nous ne traiterons que pour une paix durable. »

Et cela continue comme cela par petits paragraphes à la Timothée Trim, le long de deux colonnes. Voilà l'entrée en jeu d'un gouvernement qui n'a pas voulu la guerre, qui n'arrive aux affaires que parce que la guerre était malheureuse; il fait sa carte lui-même : pas un pouce, pas une pierre; nous mourrons jusqu'au dernier; fussions-nous seuls, nous ne faiblirions pas.

Vous aviez quatre mois et demi de vivres et vous pensiez, comme le *Charlatan* de La Fontaine ;

. . . . Avant l'affaire,
Le roi, l'âne, ou moi, nous mourrons.

Mais que vouliez-vous obtenir de M. de Bismark? Vous lui demandiez la paix et vous lui posiez des conditions, à lui, vainqueur! Un républicain, homme d'esprit — il y en a — me disait que M. Jules Favre, dans sa vanité sérieuse, avait cru qu'il allait étonner M. de Bismark, et qu'il revint fort humilié de s'être vu traité par le chancelier comme un simple insurgé.

— Qui êtes-vous? lui avait dit M. de Bismark; vous n'êtes pas le gouvernement de la France, est-ce que je peux traiter avec vous?

Et de fait, le gouvernement de la défense nationale n'était pas sûr d'être acclamé par la France!

M. Jules Favre dira-t-il la vérité sur les négociations de Versailles? — dira-t-il la vérité sur l'alimentation de Paris? — dira-t-il la vérité sur les dernières séances du gouvernement avant le départ pour Bordeaux?

Racontera-t-il pourquoi il n'a pas voulu cacher son corps précieux à la nacelle d'un ballon pour se rendre à la conférence de Londres. — M. de Bismark lui avait refusé assez lestement un laisser-passer, prétextant qu'il devait rester là pour la capitulation; on le pressait dans le conseil, on le suivait dans la route des airs inaugurée par Gambetta :

— Je me souviens, répliqua-t-il, avec ce hoquet superbe qui est une partie de son éloquence, je me souviens que tout jeune j'ai vu une pièce à la fin de laquelle Robert-Macaire s'enfuyait en ballon; jamais je ne me résoudrai à monter en ballon.

C'était un trait décoché à son collègue de Bordeaux, il n'y avait que demi-gloire, mais ses collègues de Paris, entre autres M. Picard, affirment que le grand Jules n'est pas aventureux.

M. Jules Favre nous racontera donc ce qu'il voudra; mais nous sommes certain d'avance qu'il se fera la partie belle; il aura ou tous les courages, toutes les audaces, toutes les habiletés : ses collaborateurs seront tous restés au-dessous du médiocre; lui seul, fulgurant et magnifique, aura été superbe. Il le dira avec cette conviction emphatique qui ne le quitte jamais, — et c'est là-dessus qu'il faut compter.

Mais donc cela laissera la patience de ces bons frères en gouvernement, et après le récit d'un membre, nous aurons le récit d'un second membre; tous y passeront; il se convient de leur bonne mutuelle. Après le carnaval des généraux, nous aurons le mardi-gras des chenilts de la défense nationale — Et la France sera un peu vengée, car ils seront tout à fait déconsidérés.

Cette histoire se fera, elle se fera lentement, mais elle se fera : il y a trop de gens intéressés à ce qu'elle se fasse; les gens du 4 septembre ne savent pas combien ils ont d'ennemis; mais aujourd'hui les neuf dixièmes de la France les haïssent, et si l'on faisait des élections demain je ne vois guère que M. Gambetta qui reviendrait à l'Assemblée.

Et il y reviendrait justement parce qu'il est désormais l'ennemi de ses anciens collègues.

M. Gambetta a été le capitaine Fracasse du gouvernement de la défense nationale; il reste un personnage en dehors; on n'est pas bien certain qu'il ait de la tenue, mais on lui croit du génie; c'est Joseph Prudhomme coiffé du casque de Mangin, c'est le docteur Fontanarose, c'est tout ce que vous voudrez, mais il a une figure, du mouvement — ou puis il a su vouloir la guerre, alors que tout le monde voulait la paix, et cela le fait au-dessus de celui qui voulait la paix au moment où tout le monde voulait la guerre.

Savoir être seul de son avis, c'est tout dans la vie politique.

JULES RICHARD.

la vérité sur les
? — dira-t-il là
le Paris? — dira-
ères séances du
épart pour Bor-

il n'a pas voulu
x à la nacelle
e à la conféren-
smark lui avait
laisser-passer,
ster là pour la
dans le conseil,
inaugurée par

liqua-t-il, avec
une partie de
viens que tout
a fin de laquelle
en ballon; ja-
à monter en

hé à son collè-
vail que demi-
de Paris, entre
t que le grand

contera donc ce
sommes certain
partie belle; il
toutes les au-
ès; ses collabo-
au-dessous du
ant et magnifi-
dira avec cette
ui ne le quitte
sus qu'il faut

la patience de
ement, et après
aurons le *récit*

d'un second membre; tous y passeront; ils se couvriront de leur boue mutuelle. Après le carnaval des généraux, nous aurons le mardi-gras des chienlits de la défense nationale — Et la France sera un peu vengée, car ils seront tout à fait déconsidérés.

Cette histoire se fera, elle se fera lentement, mais elle se fera : il y a trop de gens intéressés à ce qu'elle se fasse; les gens du 4 septembre ne savent pas combien ils ont d'ennemis; mais aujourd'hui les neuf dixièmes de la France les haïssent, et si l'on faisait des élections demain je ne vois guère que M. Gambetta qui reviendrait à l'Assemblée.

Et il y reviendrait justement parce qu'il est désormais l'ennemi de ses anciens collègues.

M. Gambetta a été le capitaine Fracasse du gouvernement de la défense nationale; il reste un personnage en dehors; on n'est pas bien certain qu'il ait du talent, mais on lui croit du génie; c'est Joseph Prudhomme coiffé du casque de Mangin, c'est le docteur Fontanarose, c'est tout ce que vous voudrez, mais il a une figure, du mouvement, — et puis il a su vouloir la guerre, alors que tout le monde voulait la paix, et cela le fait naturellement l'adversaire de celui qui voulait la paix quand tout le monde voulait la guerre.

Savoir être seul de son avis, c'est tout dans la vie politique.

JULES RICHARD.

www.ingramcontent.com/pod-product-compliance
Ingram Content Group UK Ltd.
Pitfield, Milton Keynes, MK11 3LW, UK
UKHW021051230726
13926UKWH00004B/1787